死生観入門

死は怖くない

―死は宇宙への帰還―

河野 憲一
Kohno Kenichi

風詠社

はじめに

「死ぬことなんか、ちっとも怖くないよ」「お前たちは親が死んでもメソメソ泣くな！」「もう、みんな成人しているから安心じゃ」。母は末期肺癌に罹患したとき、そう言い残し、それから半年後に他界しました。母は入院時に新生児室の前を通りかかったことがあり、室内を覗き込み、「あぁ、いいなあ〜。これから生きていくんじゃなあ。なんぼでも素晴らしい人生があるなぁ」と言ったことがありました。自分の命の終焉を受容しながら新しい命をしばらく眺めていたのです。それは羨望ではなく、なぜだか希望の眼差しのように感じました。母の断末魔はまるで１００ｍ走のように呼吸が荒くなってきました。しばらくすると呼吸が静かになり、やがて息を引き取りました。見ている者が苦しくなる。「もういい。よう頑張ったなぁ」。悲しみと安堵感に包まれました。生命は最期まで必死で生きようとすることが分かりました。母は苦しんでいるように見えたのでしたが、あのときの母はもうゆっくり休もうと、どこか別の世界に行こうとしていたのだろうか。死ぬことは怖くないと言った言葉から、生きていくことと死んでいくことの勇気を貰った気がしました。

父は長らく入院していましたが、父の介護をしていた母の死をきっかけに特別養護老人ホームに入所しました。見舞いから帰るときに、父が自宅に帰りたいと言わなかったことに見舞う息子として慰められました。本当は家に帰りたいに決まっている。ある日の夜間巡回で息をしていないことが発見されました。父は誰にも迷惑をかけず、騒ぎもせず、独りで死んでいきました。誰にも看取られず寂しかったに違いない。そう思うと涙が溢れます。父も母も戦後、満州から引き揚げてきたときから苦労が多かったけれど、逝き方では達人でした。親は人が必ず死ぬことを自身の身をもって教えてくれました。親の死は人生最大の学びであり、親の生存は死の防波堤でした。

誰もがこれまで家族や友人、知人など大切な人を亡くしてこられたことでしょう。そうでなくとも世の中には災害や不慮の事故死、殺害による死、殉死、自死などさまざまな死があります。死に接することは最大のストレスであり、古来死を忌み嫌い不老不死を願ってきました。近年ＳＴＡＰ細胞によって夢の若返りが可能になるかもしれないと発表されたことがありました。残念ながらその存在は証明されませんでした。しかし、仮にそのような細胞が発見され、いくら若返ろうと、死から免れることはできません。では、いったいどれほど生きたら満足できるのでしょうか。いつまでも青春というわけにはいきません。いつまでも赤ん坊のままでいたいでしょうか。施設や病院で死ぬに死ねない状況にありながらも生き続けたいでしょうか。今死ねないのは、死に対する虚無感や恐怖心があるからではないでしょうか。若いときは美貌と才能を誇っていても、高齢化すると容貌も衰え、卑しまれ、疎まれるのではないかという不安もあるでしょう。老残の身になり果ててもなお生きていかなければならない姿をみるとき、「生きることの質」を高めることも重要ですが、「死ぬことの質」についても高めていくことができないものかと思います。

このため本書は次のことを考察していきます。

第Ⅰ章「終活」第一節では、死をとりまく現実について考えます。終活の背景、孤独死、尊厳死、墓や葬儀、最期の場所などを取り上げます。第二節では、寿命、死の受容とグリーフケア、死生観を概観し、死後の世界や生まれ変わりなどを扱います。第三節では、生の終わりをどう生きるか、上手な逝き方を探るために生きる質や死の質を高めることについて考察します。

第Ⅱ章「人間はどこから来て、どこへ行くのか」第一節では、科学的な遺伝子の視点から死について考えます。遺伝子学や量子物理学の知見を踏まえて微視的な観点や宇宙エネルギーといった巨視的視点からＤＮＡの意志、宇宙の法則、生の芽生え、東洋思想などを取り上げます。生命や死について宇宙的視野で客観的に理解することを目指します。第二節では、第一節同様に宇宙や生命の生成について科学的な視点と東洋思想の視点から述べます。第三節では、世界は実・虚・無・網の四項であるという構図から、死は宇宙への回帰であるという仮説を立てて述べていきます。

この世の森羅万象はすべて科学で説明できるものでしょうか。「あの世」は本当には存在しないのでしょうか。それとも、存在しているが、現代科学がまだ証明できていないのでしょうか。不可思議な世界をむやみに盲信するのではなく、宗教には科学を基盤とした教義が生まれ、科学にもスピリチュアリティが重視された研究がなされていかないでしょうか。ここではできるだけ科学的根拠を基にして宗教や東洋思想を融合させた仮説を構築していくのですが、いずれも専門ではなく、また死は未知であり、独断、論理の飛躍、言葉の曖昧さ、説明不足が多くあることも否めません。

本書は宗教書ではありません。科学書でもありません。生死についての見解を述べた死生学を目指したものです。生前どんな人間関係を築いてきたかで死に方が決まります。生まれ方は自分では選べませんが、死に方は選べます。ここでは死に対して忌避するばかりではなく、主体的・積極的に関心を持つことを提言していくのですが、このことは自死を勧めているのではありません。死を内包して生きていくことで今を最高に生き切ることを理想としているのです。

本書が、日々を心豊かに過ごせ、死を迎えるときがきても安心して受け入れることができる一助になれば幸いです。

目次

装幀　２ＤＡＹ

第Ⅰ章　終活

生滅滅已《めつい》（生きとし生けるものは必ず滅する）

諸行無常（この世のすべてのものは移り変わっていき、永久不変なものはない）

仲間の死を悲しむような姿はいろいろな動物にみられます。象は人間と同じくらい感情豊かな動物であり、死んだ仲間に枝を被せる葬式のような行為が目撃されたケースがあるようです。死んだ仲間の骨を名残惜しそうに見つめたり持ったりする姿は死んだ仲間を弔うかのようだとのことです。どんな生物にとっても死は最大の恐怖です。命が最高価値だとしても、誰もこの価値を維持し続けている人はいません。人類が誕生して以来、何千億人が死んでいます。生けるものはあまねく死という自然の摂理を受け入れてきたのです。

かつて日本人には、よく死ぬことがよく生きたことを意味した「死に様」の美学がありました。今や人生80年時代になり、長寿を是とするあまり、死を遠くへ追いやり、覆い隠してしまった感がします。価値観は、美や若さ、健康、長寿に偏重し、「生き様」への執着が凄まじく思えます。ところが、一方で人生の身支度として「終活」が盛んに叫ばれるようになりました。一体、この背景には何があるのでしょうか。

第一節　死をとりまく社会

1　終　活

Q：あなたは終活セミナーに参加したことがありますか。

Q：あなたの人生において大事なことを10個挙げてみましょう。

(1) 終　活

死を自覚するようになると、今おかれている病気や怪我などが苦しいだけではなく、家族など周囲に対する思い、これからの生活や自分はどうなっていくのかといった不安や恐怖を抱きます。死ねばすべてを失うと思うと悲観的になります。

終末期に後悔を少なくするにはどう生きればよいのでしょうか。自分の人生で大事なことに気づき、少しでもやりたいことをする時間を増やしていく、あるいは考え方や言動に修正を加えていくといったことも大切になるのではないでしょうか。日々忙殺されて生活していると気持ちにゆとりが持てなくなり、欲望のおもむくまま自己中心的になりがちです。しかし、終活をすることによって人生の終わりから今を見つめて生きると、今本当に自分がすべきことは何なのかを追究しながら生きることができます。死を覚悟すると、むしろ生きようとする気力が湧いてきます。死を思うことが生の質を高めることになるのです。

確かに命は大切です。しかし、命をいちばん大切にして死を忌避すれば、どんなに頑張って生きても最後は否定されることになります。しかし、死は負けではありません。安らかに死ねないことが負けなのです。自分のステージの幕引きを自分で企画することが終活です。死は、この世というステージでの登場人物の交替だと思えば、自分が生まれてきて役割を与えられたことに感謝もできます。

＊　＊　＊

現代日本はかつてない多死社会を迎え、葬儀に対する意識も変化してきています。意識の変化は時代の要請でもあるでしょう。日本では団塊の世代が75歳以上の高齢者になる２０２５年に次のようなことが起きると予想されています。

〈２０２５年問題〉

・高齢者率30％

・定年65歳
・介護ショック（要介護・要支援者755万人、このため介護者が249万人必要）
・多死時代（20年くらい続く）

団塊の世代の死が増加（年間死亡者数：現在120万人から170万人に増加）すると多死時代を迎える頃には病院のベッド数が不足し、自宅で最期を迎える必要性が生じます。2042年になると、国立社会保障・人口問題研究所の推計によれば、高齢者人口が3878万人でピークを迎え、勤労世代である20～64歳は2025年に比べて1345万人も減少するとのことです。就職氷河期と重なった団塊ジュニア世代には思うような職に就けなかった人も多く、低年金や無年金者が増大し、貧しい高齢者が増えると予想されています。また、昨今の未婚者が年を重ね、独居高齢者も増えるとされます。

2060年になると問題はさらに深刻化します。

・一・二人の労働人が一人の高齢者を支える。
・日本の人口8674万人（32％減）
・高齢者42％（平均年齢：男84歳、女91歳）

・労働人口減少

数字は推定ですので誤差はあるでしょうが、深刻な状況であることには変わりありません。

近年「老後破産」が問題になってきていますが、その最大のリスクが「長生き」になっていないでしょうか。平均寿命が延びて「人生百年」の長寿時代を迎えることは医療的には勝利ですが、経済的にはリスクを負うことになります。高齢になり悠々自適な生活どころか、介護費、生活費、医療費、リフォーム代、家賃、葬式代・墓代など経済的に追い詰められるのです。介護は「人生最後の大きな買い物」と言われるように介護費用は避けては通れない支出になります。十分な介護サービスを受けるには貯蓄しておくとか介護のための保険に加入するとかしておく必要がある時代になりました。

今や介護にはさまざまな問題が生じてきています。介護は夫婦だけの問題ではなく、ひきこもり者の高齢化、非婚といった、いわゆるパラサイトシングルの高齢化もあり、「老老介護」が生じます。就労を辞めて介護に当たる「介護離職」も余儀なくされ、また、親の介護に当たらざるをえない独身者、いわゆる「介護独身」が急増してきています。介護が主婦だけでは間に合わず、夫が退職して介護に当たるなど夫や息子が介護することが増えて「男介の世代」が出現します。家庭内には要介護者が複数いて「多重介護」となります。介護疲れの末に介護殺人という悲劇が相次いで起きてきていることもあり、介護は重大な社会的課題です。

老後の生活については今までの経験や人脈を生かしたい、体力や気力もあり、収入を得たいといった元気な高齢者も多くいるでしょう。しかし、同時に毎日あちらこちらで葬式があることもあり、遺された家族に迷惑をかけないために自分の死を迎える準備をする終活を考えることがブームになってきています。人はいつどこでどのように死ぬか分かりませんが、老い方は自分で選択できます。このため身支度としての終活に価値が高まってきたのです。

終活の一つに棺桶に入って横たわり、死に顔を人に見られる体験があります。寝返りも打てない狭い棺桶内の閉塞感に驚き、改めて恐怖を感じ、「まだ死にたくない」と思うのことです。しかし、「死が恐怖だから嫌だ」と拒否ばかりするのでは本当の終活の意義はありません。地位も名誉も財産も何ひとつ持って逝けませんが、生き様は後世に残せます。死を受け入れ、改めて充実した人生を送ろうという意識になることが終活の本来の目的です。中国・上海では「４Ｄ死亡体験館『醒来』」が若者に人気があるそうです。火葬⇒胎内⇒再び誕生といった「死亡と誕生」を擬似的に体験する施設で、家族の死や自分の悩みなど身近な問題についてさまざまな角度から議論し、その後〝火葬場〟に運ばれ、炎の映像と全身を包む熱風や激しい音で〝火葬〟を体験し、さらに母親の胎内を模したトンネルを通って再び〝誕生〟する。〝火葬〟体験をすることで生きる力を得るというのです。このように終活は今をよりよく生きるためにするものです。

終活の一つにエンディングノート（ending note）の記入があります。このノートにはさまざまなチェックリストがあり、これまでのエピソードや思い出、日常の小さな幸せなどを書いて自分が生きてきた証しを記録と記憶に留めておくのです。友人・知人の項目では、今、会いに行きたい人をチェックしていくことで生きているうちに会いたい人に会えたという人もいます。記録もさることながらその時々の充実感の記憶が人生を豊かなものにする上で大切なのです。

このように終活によりデッドライン（dead line）を想定し、それまでの過程や計画を考えることで「よく生きる」ことができます。とりわけ一人暮らしの人は死後のことが気になるため、終点をはっきりさせておくと、そこに向けて充実した生き方ができます。死を暗く考えないで安心して今を生きていくことができるでしょう。周囲との関係を見直すことで、生きている今を楽しみ、物事に動じなくなり、心豊かに過ごせるようになります。ただし、終活ブームの背景には周囲の人たち、特に家族に迷惑をかけたくないという気配りがあることは分かりますが、超高齢化社会の中で世間や社会からの無言の圧力を感じているのであれば、必ずしも歓迎されることではありません。

終活で重要なことの一つに、特に延命治療（人工透析、人工呼吸器、胃瘻《いろう》・人工栄養など）を受ける意志があるかどうかを事前に家族に伝えることがあります。延命治療は一旦開始すると止められません。止めると医者が殺人罪、殺人幇助になり、訴えられることもあるからです。指示が明確であると遺族がそれを実践していくことで悲しみを乗り越えて前に進む力となります。しかし、延命治療を拒否することと自殺は違います。自然死を希望する人も多くは緩和医療を受けており、実際には全くの無治療ではなく、痛みを抑え、笑ったり食べたりすることで命が延びていることもあります。命のある限り懸命に病気と闘い治療に励んでいる人もいて、命の選択に何が正しいとは言えません。

(2) 変容する絆

古来、家督相続のように日本の家族をつなぐ絆とは「血」でした。血でつながる家族共同体が生きる基盤でした。たとえ金銭がなくとも家族があれば家族に看取られて死ぬことができました。ここには先祖から子孫へという生命の連続性があり、子孫が先祖を慰霊することにより自身も次世代の記憶に残っていくことができます。このことの安心感が死の不安や恐怖を鎮めてくれもします。しかし、先祖を敬愛する家族共同体を保つことが難しく思えてきたとき、この死生観は貧弱になります。近年になり核家族化が進み、家族よりも個人が重視されてきたため、家から個人へと生活様式が変化してきました。このことは、個人主義は個人の尊重に基盤があるように思えますが、その個人主義が利己主義になれば、金銭なき利己主義者の老後の末路は老後破産と孤独死にならないか危惧されます。核家族化や少子高齢化を迎えた今、家の継承や先祖崇拝という従来の価値観は崩壊していき、新しい絆の萌芽の時を迎えているのかもしれません。

少子高齢化は日本だけの問題ではなく、韓国でも問題となってきています。また中国の農村部では、社会保障や年金制度が行き届いておらず、子孫が絶えれば誰に老後を養ってもらえるのかが大問題になってきています。経済格差が広がり「未富先老の壁」と言われるように、豊かになる前に高齢化してしまう現象があり、現在65歳以上の高齢者は1億3千万人いて2030年までに3億人になると言われています。「一人っ子政策」で育てられた子には両親やその双方の祖父母から小遣いをもらえる六つのポケットがあると言われ、「小皇帝」として大事に育てられてきましたが、小皇帝はこれまでとは逆に一人で6人の高齢者介護を担うことになるのです。「一人っ子政策」は緩和されてきていますが、それでも大変な状況に変わりはありません。中国、韓国は日本をしのぐスピードで高齢化が進行するとみられ、今世紀中には「老いるアジア」では、高齢化した介護者と死者の増加が問題になると推測されます。

しかし、このことはアジアだけではなく、医療が進めばインド、アフリカ、南アメリカなどでの長寿者増加もあり、21世紀中期は地球まるごと高齢化時代を迎えることになるでしょう。人類はこれまで経験したことのない状況に遭遇しようとしており、人生の終焉である死や終活についても全世界的に大きな意識変革をもたらすと思われます。

《参考》
・大津秀一『死ぬときに後悔すること25』致知出版社、２００９
・河合雅司「２０４２年問題」産経新聞、２０１５年1月18日
・島田裕巳「ゼロになって死にたい」『週刊現代』講談社、第56巻第26号、２０１３年7月5日、１６８～１７５頁
・島田裕巳『０葬―あっさり死ぬ』集英社、２０１４
・宮子あずさ『人間が老いて死ぬということ』海竜社、２０１５
・吉野実香『癌と闘わない―私の選択』ぜんにちパブリッシング、２０１３
・「上海の『死亡体験館』若者に人気」産経新聞、２０１６年5月5日

2 孤独死

Q：孤独死と聞いて、どのようなイメージを持ちますか。
Q：孤独死を減らすために、あなたができることは何でしょうか。

(1) 多死社会と孤独死

２０２５（平成37）年には１５４万人が死亡し、78万人が生まれると推定されています。本格的な多死社会を迎えると病院死が当たり前のことでなくなり、社会の関心は「どこで亡くなるか」になります。現在の死に場所としては、８割が病院、２割が自宅や介護施設となっています。ところが厚生労働省が推計した２０３０年の死に場所は、病院が89万人、介護保険施設が47万人、自宅が20万人、その他が47万人となっています。医療介護費は２０１１年には48兆円であったものが、２０２５年には83兆円に上るとされています。このため死を病院で迎える「病院完結型」から「地域完結型」へ戻すために緩和ケアを含めた在宅医療の充実が求められているのです。

ここで「その他」の場所、つまり孤独死を含めどこで死ぬのか判然としない死者が47万人にもなるというのです。このことこそ問題なのではないでしょうか。独居高齢者に限らず、若者であっても社会から引き離れたところで暮らす人々には誰にも看取られずに亡くなる孤独死が急増しているのです。臨終において自己の死に意味を見出し、死を受け入れることができるかは、その人を看取り、その人の人生を記憶に受け入れていける人が傍にいるかどうかで違ってきます。人は死んでも何かとつながっていたいものであり、常に所属と愛情を求めています。臨終に際しても心のバトンタッチがあることで死を受け入れていけます。幸福な臨終とは最期の時間に別れと感謝を交わし、傍で寄り添い何か大切なものを受け取り引き継ぐといったバトンタッチがあることではないでしょうか。孤独死の場合、このようなバトンタッチがないことが死を寂しくさせるのです。

ドヤで逝く　春まだ浅き　あいりんの
看取る人なき　消え行く命　　浜田秋山
（『あいりん労働者の詩集（第33号）』大阪府西成警察署防犯コーナー、２０１２年12月）

行政では「孤独死」は「変死」として扱います。大阪市西成区では、平成25年度の変死件数は６２０であったとのことです。こんな中で現在では〝悲しい最期〟を減らすために誰にも〝お別れの場〟を作ろうと、地域で「釜ヶ崎見送りの会」が自主的に立ち上げられ、互いに弔う輪が広がっています。

（2）孤独死を超えて

生前のうちに家の中の片付けを依頼するケースが増えています。これは遺品整理と区別して「福祉整理」と呼ばれています。親族らが一人暮らしの高齢者宅に手配することが多く、なかには孤独死寸前の場合もあります。福祉整理のサービスを利用する人は、天涯孤独という人だけでなく、配偶者に先立たれて子どもがいない人、子どもに迷惑をかけたくない人、親しい人でも金銭が絡むことは頼みにくいなどさまざまな事情があるようです。なかには元気なうちに将来に備えて事業者に家族の代わりを頼むことで安心して暮らせるという人もいます。これが核家族化が進行していった結果の現実の姿です。

入院や施設入所の際の手続きや付き添い、身元保証、財産管理、葬儀、納骨などを含め、身の回りの世話をするＮＰＯ法人や公益財団などのサービスも注目されてきています。家族がいなく、このようなことを誰にも頼めない高齢者は「家族難民」と呼ばれます。家族難民とは法的な婚姻関係の有無などにかかわらず、「自分を必要とし、大切にしてくれる存在がいない人たち」のことです。年配者の未婚率も高くなっており、離婚などによる再独身化、家族や地域から離れた孤立が進行しており、年々増加してきています。

　また、独居の高齢者が増えるなか、生前の心残りを解消するサービスとしてあらかじめインターネット上に残したメッセージを死後に指定の知人宛に葉書などで送付するサービス（「すまいるポスト」など）もあります。しかし、死後のメールサービスは根本的な死の不安への解決になるのでしょうか。生涯未婚者が増加することにより、独身であることが家族難民を生み、その延長線上に孤独死があるとすれば、家族やパートナーを作りやすくしたり、家族やパートナーがいなくても安心して生活できる環境を整えたりするといった根本的な整備が必要なのではないでしょうか。

《参考》

・山田昌弘『「家族」難民』朝日新聞出版、２０１４
・山村基毅『ルポ　介護独身』新潮新書、２０１４
・「付き添いや身元保証」産経新聞、２０１４年５月６日
・「福祉整理」朝日新聞、２０１４年８月５日

3　最期の場所

Q：あなたは最期の場所にどこを希望しますか。
Q：看取る人には、あなたの何を大切にしてほしいですか。

（1）介護と老後の生き方

看護や介護をする人は患者や要介護者に対して「死に逝く可哀相な人を助ける」という視線になりがちです。しかし、そうではなくて、「目の前の死に向かうこの人のおかげで今を生きる自分がいる」というように尊敬と感謝を示し、必要とされていたことをしっかりと伝えることが大切なのではないでしょうか。目の前にいる人が病気でやつれていようとも、綺麗だった頃や活躍していた時代を知っていると声のかけ方も変わってきます。それは業績や社会的地位といった経歴であったり、賞や資格といった社会的名誉であったり、財産や土地といった有形遺産であったり、子どもや家族、友人といった人間関係であったり、思想といった無形の遺産であったり、実にさまざまなものがあるでしょう。遺り残したことよりも積み重ねてきたことを数えていくとそれは大きな蓄積になります。看取る人はそれらを一緒に味わうことで敬意が湧いてきます。その人の人生の軌跡を知ることは終焉を豊かなものにしていき、人生の質を高めるかかわりができます。
特に介護で大切にしたいことは「自己選択・自己決定」の自由です。「高齢者⇓弱者⇓介護が必要」ではありません。「高齢者⇓いつまでも自立を目指す⇓本人が元気を意識する」というように「できる能力」まで奪わないで、育成する視点が大事です。それは「できない」ことを介護すること（足し算の介護）から「できる・できそうな」ことは介護から手を引きながら見守ること（引き算の介護）への移行です。本人の「やりたい」という意思があるかどうかを見極め、時間がかかっても根気よく見守ることが本人の自立につながり、自分でやる意思を引き出すのです。余命の少ない人に何がしたいか聞くと、「故郷を訪ねたい」「学生時代の同級生に会いたい」「死ぬまでに一度、○○を見たい」など言われることがあります。そんな時、これらを大きな表にして張り出すと目標になり、生きる意欲が湧いてこないでしょうか。社会とのつながりがあると、希望が力になり活気が出てきます。

一般に病気からの回復には次の三つがあるとされます。

・身体機能の回復
・生活の回復
・人生の回復

身体機能の回復が思わしくなくとも工夫次第では片手で料理をすることもでき、絵筆を口で咥《くわ》えて描く人もいます。料理・掃除・洗濯・入浴といった日常生活の克服ばかりではなく、芸術やスポーツ活動までも不自由さを克服するチャレンジ精神さえあれば、たとえ100あった能力が10になったとしても、その機能を最大限に活かすことで不自由の中に自由を見出す感動を味わうことができます。それが「人生の回復」です。たとえ寝たきりになっても、自分でやろうとする意思がある限り、人生の感動に限りはありません。

五木寛之は『新老人の思想』の中で新老人を五つのタイプに分類し、老後の生き方を鼓舞しています。

・肩書き志向型
・モノ志向型
・若年志向型
・先端技術志向型
・放浪志向型

この分類は自分が老後を豊かに生きる上で参考になります。アメリカでも「スタイリッシュ・エイジング（格好良く老いる）」が盛んに言われており、老後を愉快に快適に過ごす格好良い老人になることが宣伝されてきています。しかし、いくら老人臭さを消そうとして着飾っても、それだけでは知的高齢者とは言えません。気持ちの持ち方の方が重要です。老後の生き方は多様であり、社会貢献に生きがいを求めたり、体力の保持による自立を目指したりすることもできます。常に今を前向きにとらえることが最期まで命を輝かせるのです。勤めていた会社が一流でも二流でも退職したら関係ありません。還暦を過ぎても人生には夢と勇気が必要です。高齢になるほど多くの人に囲まれて生かされるので、周囲の人には感謝と気高い包容力をもってかかわる鷹揚さが必要です。

老後こそがいよいよ人生ドラマのクライマックスであり、「一病息災」というように病気とは上手に付き合えば死も恐れることもありません。毎日寝て、そのまま起きなかったように、死は永い眠りの本番と思えばよいのです。大切な人が死んでも老け込まないためには、いつまでもあの人がいたらと思うのではなく、これまでその人とのことで嬉しかったこと、楽しかったことを偲ぶ方が前向きに生きていけます。大切な人への「愛している」「ありがとう」といった言葉かけは相手が亡くなった後に言っても届きません。生きている間に言うことです。毎日、感謝とともに「嬉しい」「楽しい」「大好き」と連呼すれば周囲も明るくなるでしょう。それは互いを必要としている言葉です。必要は生きる力です。人間は必要とされなくなると生きる気力が失せていきます。必要とされなくなるほど人生で悲しいことはありません。

不必要の極みが、「口べらし」としての「親捨て」です。木下恵介監督の映画『楢山節考』（1958）では食い扶持を守り抜くための親捨てを虚構でなくてはならないとしました。一方、今村昌平監督のリメーク（1983）では「自然の摂理」として描かれました。ここには老いについての理想と現実の姿があり、高齢になることの意味や人生の深み、社会の成熟について考えさせられます。

(2) 最期の場所

今の日本には食べるに困るという人は少ないでしょう。むしろ介護が負担となっており、そのために親に施設に入所してもらうことが多くあるのです。老いた親に入所してもらうことは気が引けます。しかし、家庭で介護をしていくことが大変であることも事実です。介護休暇制度では対応できないケースが多いのが実情です。なるべく長生きしてほしいと思っても介護している当人にしてみれば、介護は「短く」「一に辛抱、二に諦め、三が妥協で四が意地」と思うときもあるでしょう（徳永進、2015）。このため、介護を受ける人たちは最期を迎える場所として本音では自宅を希望していても、自分の排泄の世話をさせるのは申し訳ないなど家族への迷惑を遠慮すると施設の方がよいという人もいるでしょう。やっかい者扱いされるから入居するのではなく、介護の度合いや経済状態を考慮しながら主体的に判断して施設に入所することを望む高齢者が増えているのです。

しかし、介護施設への入所も簡単ではありません。厚生労働省の調査では特別養護老人ホーム（特養）の入所待機者は全国で52・4万人であり、特に「要介護度4・5」の重度で自宅にいる8・7万人の待機者が問題だとしています。特養は「待ったら入れる」のではありません。必要性の高い人が優先的に入所することが原則ですが、介護の度合いが軽度のうちから多くの施設に申し込んでいる人もいて「椅子取りゲーム」状態になっています。軽度でも認知症、虐待、老老介護、独居などの事情がある場合は本人も家族も入所を希望しますが、軽度の人が入所すると後の人はなかなか入れず、要介護度が重く入所が必要な人が待たされることが生じかねません。しかし、施設の側も重度の人ばかりだと介護職員が疲弊してしまうこともあり、手のかからない人も一定度いないと運営できないという実情もあるのかもしれません。施設の経営者やスタッフの管理上の都合が考慮されることもあるでしょう。介護施設での虐待などが報じられることもあり、過重労働によるストレスや低い賃金や定着率、介護の資質の低下などの問題解決が望まれます。

特養への入所は病院と違い、「生きて帰宅することがない」ことを意味し、看取りへのプロセスに入ることを了解しておかなくてはなりません。かつては在宅で死ぬことが当たり前のことでした。しかし、今では病院や施設で看取るのが家族の役割と理解しており、人の臨終を身近なこととしてとらえておらず、肉親が病院で死亡すると「することはした」と納得するのかもしれません。しかし、はたして病院死は幸せなことなのでしょうか。在宅か施設かといった二者択一ではなく、在宅と施設、介護と医療を組み合わせて周囲の人の負担を軽減し、残された時間をいかに豊かに送ってもらうかが問われます。

10年ほど前から宮崎市では「ホームホスピス」として住宅地の中の空き民家を改修し、末期癌などの身体的疾患や認知症などで一人暮らしが困難になった人々が少人数で共同生活を営む取り組みを始めています。その目的は生活支援とその生活の場での看取りを前提にした尊厳ある生と死の実現です。このような家族形態で看取る動きが各地に誕生し、新たな社会モデルとして定着するかもしれません。人として尊重され、自己の命を生き切るという人生の最後に幸せを実感できる社会、それこそが希望のある社会なのではないでしょうか。

柏木哲夫は『死を学ぶ』の中で、人間の死が「家庭死から病院死へ」「交わり死から孤独死へ」「情緒的な死から科学的な死へ」「現実の死から劇化された死へ」と移行していき、死の現実から乖離していく過程を明らかにしています。「人は生きてきたように死んでいく」として充実した生き方の重要性にも言及しています。病院では一分一秒でも長生きさせることに集中します。このため家族に囲まれて死を迎えたいと思っていても、その時がくれば家族が病室から出された後、心臓マッサージを受けることになります。癌患者の場合は最期まで副作用の強い抗癌剤が投与され、癌の苦しみと副作用という二重の苦しみを背負います。最期の時は体中が管だらけにならず静かに逝きたいと思っていても、家族は死に直面すると慌ててしまい延命治療を取ろうとします。それは少しでも生きていて欲しいと願う人情です。しかし、大事なのは患者と家族の精神的なケアであり双方の個別性が尊重されていることです。人は誰も息を引き取る直前まで何らかの力を持っており、最後の望みを叶えようともします。数日間の延命を期待することも大事ですが、本人の希望を叶えて数日間早く亡くなることとどちらを選ぶのでしょうか。（柏木、１９９７）

（3）尊厳死

尊厳死とは不治かつ末期になったときに特別な延命治療を受けないで自然に任せて死を迎えることです。これが尊厳死法（「終末期の医療における患者の意思の尊重に関する法律」）として合法化される動きがあります。高度な医療が寿命を支えてきているのですが、「体が死のうとしているのに無理やり引き止めるのは良くない」「無駄に命を引き延ばそうとするのではなく、死を可能な限り望ましい形で迎えられるようにしたい」という声もあがってきています。尊厳死の宣誓書（リビング・ウイル）に署名し保管されると、終末期に主治医に提示されます。宣誓書では延命治療を拒否する一方、痛みを取り除く治療を進めてもらうなどの要望も記されます。このような本人の意思に基づく尊厳死では医師に責任を問わないことになります。オランダやベルギーでは医師が末期癌患者らに致死薬を注射して死を早める安楽死が合法化されており、日本の尊厳死法案にあるような延命治療を施さない行為は通常の医療にすぎません。このほかアメリカの五つの州、スイス、ルクセンブルグなどで安楽死が認められています。日本では刑法１９９条で殺人罪、２０２条で自殺関与および同意殺人罪になり、認められていません。「一律に延命を中止するのは無理がある。終末期は多様で人や状況によって違う」という意見もあり、日本弁護士連合会のほか障害者や難病患者の団体は「人の死に国家が介入するのは問題だ」として尊厳死の法制化に反対しているようです。

また、これには孤独という理由や独居高齢者だからという理由で安易に医療費などの経済的論理が働いて早期安楽死を前提とした社会制度が構築されていったりしないか懸念されます。特に認知症の人々に対しては認知能力がなく理性的判断ができないだろうという理由で本人の意向が軽視や無視されることがありはしないでしょうか。人間の理性の根っこには、生存のための直感的認知ともいえる情動があり、情動は死の直前まで機能し、認知症の人であろうとこの情動を有しており、本人の意向は尊重されるべきです。もし法制化の背景に医療費を削減するという経済的な理由があるとすれば寂しいことです。元気な頃は「寝たきりになっても生きていたくない」と思うでしょうが、いざそうなったら、もっと生きたいと思うようになるかもしれません。尊厳死が法制化されることで逆に「そんなに長生きしたいのか」という空気が出てくることは避けなければなりません。個人の死に方は周囲の空気で決められるべきではなく、延命治療の中止で医師が訴えられてもなりません。延命措置をしたからといっても当事者の意思を尊重したことであれば尊厳死になるでしょう。

「生き方」がさまざまなように「死に方」も個人で違いがあります。医療技術が進歩し、延命治療をどの程度まで受け入れるかによって、いつ死ぬかの相当部分が選択可能になってきています。死に方を選べる以上、誰かがそれを選び、決定しなければなりません。生きるとは選び続けることであり、自分の生死について選べるのは自分自身です。今、一人ひとりが自分の終末期の延命治療をどうするかを決めておく時代がきているのです。

「生きる自由・死ぬ自由」といった主張もあります。しかし、そもそも人は自分の自由意志で生まれてきたのではありません。自分の命は「生かされている」のであり、多くの援助を受けながら生きながらえてきたのです。安易に生命を終わらせることに自由を求めるのではなく、「生き切る」ことこそ生命を得たものが生命に至らなかったものに対する責任であるでしょう。尊厳死についてはこのことを十分自覚したうえで判断すべきではないでしょうか。人の死のあり方は当該社会の死のあり方でもあり、慎重にならなければなりません。しかし、その人のなされた重い決断は批判ばかりするのではなく、尊重もされなければなりません。

《参考》

・天野正子『〈老いがい〉の時代』岩波新書、２０１４
・井口文彦「認知症事故訴訟」産経新聞、２０１４年5月27日
・五木寛之『新老人の思想』幻冬舎、２０１３、83～89頁
・上東丙唆祥『親の家をどう片づける』実業之日本社、２０１４
・小澤竹俊『今日が人生最後の日だと思って生きなさい』アスコム、２０１６
・柏木哲夫『死を学ぶ―最期の日々を輝いて』有斐閣、１９９５
・柏木哲夫「ホスピスの一日」『ＰＨＰ』1月臨時増刊号、１９９７
・徳永進『団塊69　臨床医のつぶやき』佼成出版社、２０１５
・濵﨑寛「介護の現実　迫る２０２５年問題」産経新聞、２０１４年7月15日
・山崎章郎「〝家族〟形態で看取る新しい動き」産経新聞、２０１５年2月25日
・岩尾総一郎・平川克美「尊厳死法案」産経新聞、２０１４年3月14日

・「人生の最終段階意識調査」産経新聞、２０１４年４月10日
・「曖昧な要件　競争を生む」産経新聞、２０１４年４月17日
・「死を隠さず家族の理解を得る」産経新聞、２０１４年５月15日

4　自然への回帰

Ｑ：あなたは墓の引っ越しや墓終いを考えたことがありますか。
Ｑ：なぜ樹木葬や散骨などが流行するのでしょうか。

⑴　墓

佐藤弘夫『死者のゆくえ』によると、日本の葬儀方法には次のような変遷があります。かつては誰もが墓を有していたわけではなく、各家の墓が普及したのは近代のことなのです。

〈古代～11世紀〉
・風葬
・簡単な葬送儀礼
・６世紀に渡来した仏教が平安時代後期に浄土信仰として各地に広まり、この世と別次

元の彼岸への往生を遂げることを願った。（他界浄土）
〈11～16世紀〉
・火葬
・遺骨を霊場に納め、墓塔が建立される。
〈16～19世紀〉
・埋葬
・檀那寺の墓地に埋葬され、子孫による定期的な墓参りが確立。
・家制度の確立と寺院の境内墓地の一般化。
・彼岸世界の縮小とともに死後もこの世の一角に安眠し、子孫とやり取りをすることを願った。
〈19世紀～現代〉
・納骨棺を具えた「家の墓」の普及。
・遺影を部屋に飾る。
・死者は生者の記憶の中にのみ存在する。

（佐藤弘夫『死者のゆくえ』）

墓は遺族にとって故人を偲び、供養する上で大きなよすがになってきました。日本での墓参りでは花を供えるのが普通ですが、中国では銅銭をかたどった冥銭を先祖の墓に持って行き、燃やすという昔からの慣わしがあります。先祖があの世でお金に困らないための供えです。墓参りの仕方はそれをする人々の現世における価値観や欲望の投影にもなります。先祖に生かされてきたことに感謝し、精いっぱい生きることを誓う人もいれば、供え物をして見返りを願う人もいるかもしれません。ところが近年になり墓をとりまく事情が変化してきており、それにともない墓や死後についての考え方にも変化の兆しが現れました。

近年、地方の過疎化や少子高齢化などに伴い、無縁墓や荒れる墓、墓の墓地、墓石が廃棄物として野積されたりする事例が増えているのです。また、先祖代々の墓を簡単に墓参りができるように自分の居住地の近くへ引っ越す「改葬」を考える人も増えています。先祖の供養は永代供養にして自分は他人と納まる共同墓地を希望したり、自分の墓を家の近くの納骨堂に移すことで、子どもたちは近くに墓があれば参拝にきてくれるだろうと考えたりする人もいます。夫婦両家の墓を一緒にする「両家墓」や血縁のない〝友情〟型の「共同墓」も登場しています。この背景には、死んでまで夫の墓に入って姑にいびられたくない、先祖代々の墓や夫と一緒の墓には入りたくない、むしろ心の通い合う人や自分の父母といたいという気持ちがあるのかもしれません。〝友情〟型の共同墓は、サークル活動などで絆のある人たちが死後も同じ墓に納まり、その墓が子どもたちや次の世代へと引き継がれていくことを期待するのです。生きているうちは〝墓友〟であり、死後も寂しくなく楽しそうな雰囲気もしますが、墓の維持管理の負担を子孫に継続させることに変わりなく、未来の子孫がそのことを理解し受け入れるとも限りません。

また、「墓は持たない」という選択をする人が急速に増えてきており、「墓じまい」をして「公営墓地」に遺骨を納めたり遺骨を「ゆうパック」で霊園や寺に送り永代供養を依頼したりする「送骨」も広がりをみせています。弔いの軽視と批判されそうですが、葬送に対する価値観は確実に急激に変わりつつあるのです。散骨、樹木葬、公営墓地などは先祖の墓から離れた自分自身の墓の形であり、核家族化が進行する先にあるのはこのような弔いのカジュアル化による新しい葬送の形になるのではないでしょうか。

この背景には墓を建てる経済的余裕がない、先祖代々の墓の維持管理が難しい、墓守をする親族がいない、孤独死で遺骨の引き取り手がいない、といった経済的事情や合理性、少子高齢化といった現実的な問題があります。仮に墓に遺骨があっても自分を思い出す人がいなくなり、会ったこともない子孫だけになると自分の存在の跡を残す必要はないと思う人が現れてきても不思議ではないでしょう。子孫を残さない場合には、自分が死んだ段階で供養が途切れるのなら誰のために墓を残す必要があるのかと考える人もいます。このため、この世に未練を残さず、すっきりとお別れしてゼロになりたいと考える人も増えてきています。

死後に自らの体を大学の医・歯学部に提供する「献体」を希望する高齢者も増えてきています。これには葬儀費用への不安を理由に挙げる人も少なくないとのことです。献体登録すれば、遺体の搬送費用や火葬費用は大学側が負担します。遺骨を引き受ける先がない場合は共同墓地などへの納骨も行います。子どもがいないなどの事情で墓の建設や継承が困難な人が献体を選ぶケースもあり、家族への負担や迷惑を軽減する葬儀の簡素化ともとれますが、生や死の形に執着しない人が増えてきているともいえるでしょう。

このことはこれまで日本社会に続いてきた先祖を中心にした命の連鎖や家についての感覚が失われてきている結果でもあり、先祖の墓は守らなければならないという慣習から解かれようとしているのかもしれません。従来の葬儀や先祖供養のメリットに疑問視し始め、これまで血を絆としてきた家族共同体は、血は繋がらなくとも思いで繋がっていれば十分だとする新しい共同体に変容していこうとしているように思えます。墳墓は死者の永遠の眠りの場であり、祖先崇拝という日本人としての死生観が大きくかかわっているだけに、その変遷には時間を要すると思われますが、現実的な事情からは予想以上に変化のスピードが速まっています。

(2) 葬儀

葬儀自体のあり方も急激に変化してきています。盛大な告別式は一部に限られ、縁者だけの家族葬が多くなってきており、告別式を省く直葬も珍しくはありません。家族がいる場合には闘病や葬儀で家族や縁者にかける負担を極力避けたい気持ちが強くあり、親の葬儀は立派にしても自分の葬儀は簡略にするか、無くてもよいと思う人が増えてきています。インターネットで販売する定額、低料金の葬儀「小さなお葬式」も急成長しており、追加料金を請求しない明朗会計、早割チケット、コンビニ決済、通夜を省略するプランなどで人気が出てきています(『産経新聞』2015年6月17日)。この背景には人々のライフスタイルの変化だけではなく、心のあり方の変化も影響しているでしょう。

しかし、葬儀を簡略化したとしても遺骨は残ります。このため遺骨を骨壺に入れて自宅に置いたままの家が急増しています。散骨する人も増えています。海上での散骨が一般的ですが、米国では宇宙葬やバルーン葬などがあります。宇宙葬は米国で元NASAの技術者が起業したものですが、アルミニウム製の容器に遺骨を封入し、ロケットで打ち上げます。バルーン宇宙葬ではバルーン(風船)に粉末状にした遺骨を詰めて上空に飛ばすと地上30～35㎞の成層圏でバルーンが自然に破裂し、粉末状の遺骨が偏西風やジェット気流に乗って世界中に散骨されていきます。

遺骨の埋葬への執着を完全に捨て去ることが受け入れ難い人も多いでしょうが、簡素な葬送方法が今後多く受け入れられていけば墓に対する重圧からも解放されていくことでしょう。かつて葬儀は死者を知る者たちが特別な連帯感を共有する場でした。しかし、人々は多忙になるとともに一族意識も希薄になり、一堂に会する機会もめったになくなりました。今までの常識が現実と合わないと感じ始めていることもあるでしょう。少子化や核家族化がますます進行すれば葬儀も墓も必要とされなくなり、より個人的なものに変容していくと思われます。

(3) 故人を偲ぶよすが

仏壇は核家族化、居住空間の様式化といった現代の住宅環境の中にモダンなインテリアとして溶け込むように小型化、簡素化の流れがあり、故人を身近な場で簡素に供養する「手元供養」が広がってきています。遺族が故人を偲ぶよすがが欲しいと願う場合には、遺骨の一部をペンダントやビーズ、ダイヤモンドにして指輪やネックレスにしたりして身につけることも広がっています。遺影から3Ｄプリンターで制作されたリアルな人形（遺フィギュア）を身近に置くなどファッション化してきています。墓参りも代理だけでなく、インターネット画像を見ながら墓参りができる時代も到来しつつあり、墓参りの意義が改めて問われます。

アメリカでも納骨堂で聖書をイメージした骨壷の中に故人の遺灰を入れ、遺品を展示し、個人の思いや実績を記録映画にするなど自分らしさを表現する墓作りがなされていて、かつての墓石に刻まれた名前を見て故人を偲ぶスタイルは変容してきています。納骨堂のモニターで観る故人の記録映画が、いつでも誰もがネット上でも視聴できるようになれば、墓はなくとも「ネット墓」上には故人の記録がいつまでも存在し続け、墓のあり方や故人とのつながり方に大きな変化が生じるでしょう。しかし、とりわけ「ゼロ葬」や散骨などの場合には後になって供養のために手を合わせる場所がないと戸惑う人もいるかもしれません。墓は遺骨を納めるだけではなく、死者と向き合う場所でもあり、まったく死者と向き合うことを不要としてしまえば死から学ぶことも生を受けたことへの感謝も希薄になりかねません。

今まさに弔いの風景が変わってきており、墓を作らずとも、どうやってお祀りができるか模索している段階です。これまで死後には魂の行く世界があったり家族の守り神にもなったりしていましたが、自分を弔ってくれることも死後の世界もないとすれば、死に逝く人はどんな気持ちで死ねばよいのでしょうか。

安斎育郎によれば、人体は18%が炭素でできており、火葬され二酸化炭素になり地球上に均一に広がれば、自分の一部だった炭素原子は地球上のどこにでも大気中に1リットル当たり11万個以上も含まれる計算になるとのことです。世界中でこれが光合成を通じて草となり動物が食べて肉となる。それを人間が食して血となり肉となる。地球上の炭素原子は増えても減ってもいないのだから、ある時代には徳川家康で、ある時代にはミミズだった部分があるかもしれないという。私たちはすでに宇宙の一部なのです。墓や葬儀にかかわらず、先祖も自分も子孫も同じ宇宙に還っていくと考えればどうでしょうか。

なぜ新しい葬儀として樹木葬や宇宙葬などの自然回帰を求めるのでしょうか。植生物は悠久の時の流れの中で力強い生命力を蓄積してきています。生命や死という次元で植生物を眺めるとき、自然の生命力に畏怖・畏敬の念を抱きます。樹木の下や海や山、宇宙に遺骨や遺灰をまくことにより、自分が自然の一部に帰っていくと思うことで安堵するのではないでしょうか。悠久の年代を生き抜く植生物の生命力や大自然や宇宙は、死を迎える者や看取る者にとっての「癒し」であり、樹木葬も海上散骨も宇宙葬も、その根底には有限の命を無限なるものに変容させたいという心情があるのではないでしょうか。

《参考》

・安斎育郎「人間、死んだらどうなるのか」『週刊現代』第55巻12号、講談社、2013年4月6日、177頁
・小笠原隆三『日本の巨樹・老樹―巨樹・老樹と人間―』西日本法規出版、1999、149～150頁
・佐藤弘夫『死者のゆくえ』岩田書院、2008
・島田裕巳『お墓の未来』マイナビ、2015
・下重暁子『家族という病』幻冬舎新書、2015
・ひろさちや『お墓、葬式、戒名は本当に必要か』青春出版社、2015
・枡野俊明『あなたのお墓は誰が守るのか』PHP研究所、2013
・森謙二『墓と葬送のゆくえ』吉川弘文館、2014
・八城勝彦『墓じまいのススメ』廣済堂出版、2014
・「お墓の引越し」産経新聞、2014年1月26日
・「仏壇も小型化　簡素化の流れ」産経新聞、2014年5月27日
・「産経抄」産経新聞、2014年8月17日
・「献体、経済苦で？増加」産経新聞、2015年5月2日
・「安心葬儀、ネットで販売」産経新聞、2015年6月17日
・「ゆうパック『送骨』新潮流」産経新聞、2015年9月26日
・「墓買えない　骨託す子いない」産経新聞、2015年12月9日

【死は怖くない①】

いつの時代も生きていくには苦悩が伴います。深い心の傷も負います。それは生きている存在そのものの傷です。生きているときには互いに競い合い、傷つけ合って生きています。私たちは日々我欲に支配されて生きており、すべての苦悩の根源は我執にあるのです。

死は我欲の執着すべてを失うことです。私たちは富も名声も才能も愛も不本意で欲求不満足のまま死を迎えるかもしれません。しかし、大局的に人生を眺めればこのような我欲など小さなことです。むしろ、自分の生命は多くの奇跡の結果であり、かけがえのない存在であるという尊厳性を自覚すると感謝の方が大きくなります。静かに内観してこれまでお世話になったことを振り返っていくと、「無い」のではなく、たくさんの「有る」という思いに至ります。

「吾唯足知」「知足安分」。自分が満たされていることを知るとき、死は怖くはありません。

そういえば、次の言葉をどこかで見たことがあります。

おれがおれがの〝が（我）〟を捨てて、おかげおかげの〝げ（偈）〟で生きる。

第二節　死生観

Q：あなたは自分の寿命を知りたいですか。

Q：あなたにとって自分の理想の寿命は何年でしょうか。

1　寿命

整えられた環境の中で実現可能な寿命を「生理学的寿命」、その生物が実際に生息している場所での平均寿命を「生態的寿命」といいます。

久保有政によると、動物の最大寿命は、ナガスクジラ（86年）、アフリカゾウ（78年）、マッコウクジラ（65年）、カバ（49年）、チンパンジー（48年）、ウマ（46年）、ゴリラ（43年）、ライオン（35年）、キリン（28年）、ノネズミ（4年）。イヌやネコは普通10～15年程度で、最大30年くらい。ツルは30年ほどでガラパゴスゾウガメは175年と言われています。人間の最大寿命120年は最も長いものに属しています。

人間の場合は居住地域や環境によって平均寿命が異なってきます。

２０１５年5月13日、世界保健機関（ＷＨＯ）は「World Health Statistics 2015（世界保健統計２０１５）」を発表しました。これは加盟国１９４カ国を対象にした２０１３年度の統計です。これによると世界全体での寿命の平均値は71歳。男女平均では日本が84歳で1位でしたが、たとえば韓国が82歳、アメリカは79歳、中国75歳、インド66歳、南アフリカ60歳、シエラレオネ（西アフリカ）46歳となっています。

また、２０１４年の厚生労働省の発表によると、日本人の男は80・50年、女は86・83年となっています。この日本も約半世紀前の１９４７年には男50・06年、女53・96年でした。

では、理想的な条件の下で生きたとして、いったい人間は何歳まで生きることができるのでしょうか。南雲吉則は平均寿命の延びには「2乗の法則」があるとして次の表のように説明しています。

7の2乗の49歳頃までには女性には生理がある。終戦直後の平均寿命とも重なって「人生五〇年」と昔から言われるが、実は生殖可能年齢でもあった。8の2乗の64歳は昭和30年頃の平均寿命と重なり、サラリーマンの定年は60～65歳くらいとされているが、一昔前はこの年まで一生懸命働いて引退すると、ほどなく亡くなるようにできており、ゆえに定年とされていた。それが、日本人の寿命は飛躍的に延びて男女を平均して9の2乗の81歳。定年後の「余生」が長くなってしまった。さらに、10の2

◇表「２乗の法則」で分かる人生の分岐点

1の2乗（1×1）	＝	1	⇒	1歳まで（乳児期）
2の2乗（2×2）	＝	4	⇒	4歳まで（幼児期）
3の2乗（3×3）	＝	9	⇒	9歳まで（小児期）
4の2乗（4×4）	＝	16	⇒	16歳まで（思春期）
5の2乗（5×5）	＝	25	⇒	25歳まで（青年期）
6の2乗（6×6）	＝	36	⇒	36歳まで（若年期）
7の2乗（7×7）	＝	49	⇒	49歳まで（中年前期）
8の2乗（8×8）	＝	64	⇒	64歳まで（中年後期）
9の2乗（9×9）	＝	81	⇒	81歳まで（老年期）
10の2乗（10×10）	＝	100	⇒	100歳まで（長寿期）
11の2乗（11×11）	＝	121	⇒	121歳まで（自然死）

乗の１００歳までを「長寿期」という。現在、日本では４万７千人いると言われています。この長寿の上限が11の２乗の１２１歳。これが人間の寿命の限界に当たります。

　昔から長寿の祝いは年齢とともに呼び名が変わります。「61歳＝還暦《かんれき》・華甲《かこう》、70歳＝古希《こき》、77歳＝喜寿《きじゅ》、80歳＝傘寿《さんじゅ》、88歳＝米《べい》寿《じゅ》、90歳＝卒寿《そつじゅ》、99歳＝白寿《はくじゅ》、１００歳＝百寿《ひゃく(もも)じゅ》・紀寿《きじゅ》、１０８歳＝茶寿《ちゃじゅ》・不枠《ふわく》、１１１歳＝皇寿《こうじゅ》・川寿《せんじゅ》、１２０歳＝大還暦《だいかんれき》・昔《せき》寿《じゅ》」となります。しかし、１３０歳には呼び名がありません。つまり、誰も１３０歳まで生きたことがなく、人間の「テロメア」の長さ（＝寿命）が１２０歳であるのです。

細胞には分裂できる回数に限りがあります。これには染色体の末端に位置する「テロメア」と呼ばれる配列が深く関係しており、テロメアの長さは細胞分裂の回数を測る尺度（分裂時計）として機能し、細胞の寿命を調節していると考えられています。もし遺伝子工学が発展して各人のテロメアの長さから寿命が推定できるようになったとすれば、自分の寿命を知りたいと思うのでしょうか。先のことなら知りたいという気持ちがあっても、いよいよその時期が近づけば鬱《うつ》になるのでしょうか。死を受け入れていくことに動じないほど胆が据わっているでしょうか。寿命を知る方が人生を充実させることができるのでしょうか。それとも知らない方が楽に生きていけてよいのでしょうか。

《参考》
・久保有政『死後の世界』学研、２０１１、45頁
・南雲吉則『50歳を超えても30代に見える生き方』講談社＋α新書、２０１１、27頁

2　死の受容とグリーフケア

Q：どうすれば自分の死を受けいれることができるでしょうか。
Q：どうすれば愛する人を失った悲しみを乗り越えられるでしょうか。

（1）死生学

ＮＨＫスペシャル「老衰死・穏やかな最期を迎えるには」（２０１５年9月20日放送）によると、人が死に至る過程には、①癌などで急な機能低下が起こり死ぬ場合、②心不全など臓器不全で症状の悪化を繰り返しながら徐々に機能低下していく場合、③老衰のように機能低下が長く続いて死に至る場合、といったパターンがあり、老化が徐々に進んでいくと細胞内に免疫物質などの「炎症性サイトカイン」が作られ、これが周囲の細胞にも移り慢性炎症を起こして機能低下の末に死にいたるとのことです。死が迫った高齢の脳は炎症や萎縮を起こし機能が低下するため、苦痛を感じることはなくなると言われます。老化（aging）がもたらす炎症（inflammation）をインフラメイジング（inflammaging）として老化と死についての関連性の研究が進められてもいます。今、老年医学では生だけでなく、死についての学びが大きなテーマになってきています。

しかし、何よりもまだ脳機能が低下しておらず、精神活動が十分なとき、人間は死の受容についてさまざまな葛藤と苦悩と学びがあるのです。かつて、ラ・ロシュフコーは「死を解する人はほんの僅かである。人はふつう覚悟を決めてではなく、愚鈍と慣れで死に耐える。そして大部分の人間は死なざるを得ないから死ぬのである」と言いました。確かに多くの人は多忙な日々の生活に追われ、死について深く考えることなく死んで逝くというのが実情なのかもしれません。一般に死はタブー化されており、人生最大の試練である死に対してはほとんど教育がなされていません。何の心構えのないままに愛する人の死や自分自身の死に臨んでいることが現状でしょう。

死は永遠のテーマであり、これまでも多くの学びがありました。死についての学び、つまり死学は、ギリシャ語で死はタナトス（thanatos）ですから、タナトスについての学問（logos）という意味でタナトロジー（thanatology）と言います。フランス語では〝thanatology〟、中国語では「生死学」です。しかし、死について学ぶことは死までの生き方を考えることになるので「死生学」と訳すことが多くあります。

マルティン・ハイデガーは、人間を「死への存在（Sein zum Tode）」と定義しました。誰もいつかは死ぬ。元々「死が常態であり、誕生とともに再び死に向かっていく〝死から死への存在〟」としました。

中世のヨーロッパでは、黒死病、ペスト、飢餓により多くの人が命を落としていくことがありました。このため「メメント・モリ（memento mori＝死を想え）」、死は平等に人間に訪れる、だから今を楽しめ、今こそ花を摘め、といった思潮が浸透しました。死は生涯をかけて学ぶべき芸術の一つと見なされ、死に逝く人は一歩先を進む先達として大切に扱われもしました。

しかし、20世紀、特に第二次世界大戦後、医療技術の進歩とともに死は敗北と見なされる考えが多くなり、長寿を目指し、老いに抗し、死という生命の限界に対抗するようになりました。企業も家庭も、文化や社会面でもすべてが右肩上がりの進展を前提としており、衰退や消滅といった前提はありません。死のタブー化が強まっていました。ところが近年になり、死を拒否するためではなく、より満足のいく死を求め、最期までよく生きるためにさまざまな分野で死についての学びがなされるようになってきました。

これには、次のような項目が挙げられます。

〈医学・福祉学〉

終末ケア　ホスピス　尊厳死　延命治療　臓器移植　難病小児癌

〈心理学・社会学〉

グリーフケア　自死　遺族問題　障害者問題

〈人文系〉
哲学　文化人類学　宗教学　神話　文学　美術　映画学
このように死を扱う領域は広く、多方面からアプローチがなされています。今や死は退けるものではなくて積極的にかかわって研究していく対象になりました。

(2) 死の受容

死の受容について、E・キューブラー・ロスは死を受け入れていく過程として次の5段階を示しました。

①否認と隔離
患者は自分自身の死の可能性をしばらくの間は見つめることができる。だが、生き続けるには死についての考慮は脇へそらしておかなければならない。

②怒り
否認が維持できなくなると、なぜ自分がこのような目にあわなければならないのかといった、他者や運命、神に対して怒り、憤り、羨望、恨みなどの諸感情が現れる。

③取引
人々または神に対して何かの申し出をして、何らかの約束(取引)を思いつく。運命

の神と何らかの取引ができれば、もしかするとこの悲しい不可避の出来事が、もう少し先延ばしできるかもしれないと思う。

④抑鬱

感情の喪失、泰然自若、憤怒はほどなく大きな喪失感にとって代わる。

⑤受容

突然の予期しない死ではなく、十分な時間があれば自分の運命について抑鬱も怒りも覚えない段階に達する。すでに充分に感情を現すことができ、生きている人、健康な人に対する羨望、自分の最期にそれほど早く直面しなくてもよい人たちへの怒りなどを吐きつくすことができる。もうすぐすべて失わなければならないという嘆きも悲しみもし終えて、ある程度静かな期待を持って近づく自分の終焉を見極めることができる。

不治の病に罹患していると分かったときに落ち込まない人はいません。しかし、そこからいかにして心を上に向かせ、立ち上がっていけるのでしょうか。

デーケン（Deeken,A,1993）はキューブラー・ロスの「死の受容」の5段階の次に第6段階として「希望」を追加し、「死後は神のみもとに」という宗教的希望を述べています。臨終に際しては命の有限さは人の力の及ばないことであり、もはや自分の限界を知り、自然や運命に逆らわず、流れに身を任せようという気持ちになれば、ふっと力が緩むことがあるでしょう。「希望」の段階に至ることとは、避けられない死の悲しみや苦しみに対して抑圧と葛藤を繰り返しながら、それでもこの現実に宗教的希望を持つといった高い価値にまで昇華していくことではないでしょうか。それは死の恐怖を神の救いに求める「逃げ」なのではなく、ありのままに受け入れるという心境です。心は揺れながらも死を受容していくのでしょうが、そこに至るには死への諦観があったり生への満足感があったりしないでしょうか。

死には「諦観の死」と「受容の死」があり、諦めの死では人生に対して消極さや冷たさの感じを受け、コミュニケーションがどこかで切れてしまったような非連続性を感じ、遺族にももう少しできることがあったのではないかという心の濁りがあります。一方、受容の死には人生に対して積極的な感じや遺族や周囲にも人間的な連続性やつながりが感じられ、遺族も介護や医療についてこれでよかったという納得があり、全体的に温かさがあります。死を受容した人にも苦悩を乗り越え、「これでよし」とする心の澄みがあります。

人は誰もが健康で長寿というわけではありません。誰もが生まれた時から周りから愛され、すべてのものが満たされおり人間関係は信頼によって結ばれている、というわけではありません。それらは自らが人生の中で築き上げていくものです。それでも思うようにいかないのが人生です。だからこそ生存競争の激しい社会を生き抜くときには自己主張やわがまま、所有欲、権力欲が顔を出してくることがあるのは当然です。このため他者との人間関係において孤独感や不信感、疎外感が出てくることもあり、死に際しては恐怖心だけでなく、空虚感、罪責感、生きる意味の喪失など様々な思いを抱えることが多々あります。これらを解消するには、どのような人生であれ、まるごと受け入れ、許すことです。

自分の人生の受容と和解には主に次の5項目が考えられます。

①自己

死に直面して恐れている自分を受け入れる。失敗、後悔、やり残しなどあっても、そんな自分をまるごと受け入れ、許すことで気持ちが落ち着く。

②人間関係

これまで自分の中で抑え込んでいた他者への憎しみ、怒り、嫉妬などの否定的感情を認め、受け入れる。抑圧から解放されることが残りの人生を愛のある肯定的な関係を形成しようとするもとになる。

③自然

自分は自然や宇宙といった「大きなものの一部である」ことに気づくことで安心や平安を得る。

④時間

生きてきた時間を振り返り、残された時間が限られたものであることを受容する。個人の人生は有限だが、無限の時の流れの中にいることを知ることで、今の自分を生かすことができる。

⑤超越者（神）

信仰者にとっては、自分の人生でのいろいろな言動は神の意図によるものであり、「自分は許される」という確信を得ようとする。または、人智を超えた何か偉大なるもの（宇宙原理）の下で生きてきたことを受容することで、そのものと繋がれる。

受容の過程には合理化などの心理機制が働くこともあります。それでも本人が「これでよし」と得心することが重要になります。故人が受容の死を遂げた場合には遺された者は、故人の死を「いい人生だった」と物語れます。しかし、不慮の死の場合、遺族はなかなか総括ができません。生きてきた意味をこの世の段階に留めていたのではまとまらないのです。「あの世」を持ち出し、亡くなった人は今どうしているだろうかと、死後の物語を創らないと全体として「幸せな人生」だと総括できないのではないでしょうか。（大町公、160頁）

(3) グリーフケア

グリーフケアとは、大切な人を亡くして悲嘆(grief)に暮れる人を支える(care)ことです。人は死別などによって大切な人を失うと大きな悲しみを感じます。死の受容にはいくつかのプロセスがありましたが、悲嘆を乗り越えていくにもいくつかのプロセスがあり、このプロセスをグリーフワークといいます。

グリーフケアについては、以下のようにまとめられます。

〈死に逝く人そのもの・方法論〉

・死にゆく人の心の動き

・死にゆく人と周りはどうかかわるか

(心理学・精神医学的アプローチ)

〈コミュニティ・悲嘆〉

・死にゆく人をどう支えるのか

・死にゆく人のケアのシステム

・どのように死を受け止め、受け入れていくか

(社会福祉学・社会学的アプローチ)

〈文化・社会システム〉

・命をどうとらえるのか

（生命倫理・政治哲学的アプローチ）

〈生命の本質的問題〉

・「生とは何か」「死とは何か」

・「生の前に何があり、死の後に何があるのか」

・「生命はいつ生まれ、いつ終わるのか」

・「生死をつかさどるものは何か」

（遺伝子学・宇宙物理学的アプローチ）

デーケンは、グリーフワークについてのプロセスを12段階に分類し、「この辛い12の段階を誰かが代わって行うことはできない、自分の中で時間をかけて消化するより仕方がない」としています。この階段には個人差があり、順番に経験することもあれば入れ替わることも、同時に経験することも、順番を飛び越えることもあり、また人により期間に差があり、半年から長い人では数年にもわたるとも考えられています。

①精神的打撃と麻痺状態

愛する人の死という衝撃によって一時的に現実感覚が麻痺状態になる。心身のショックを少しでも和らげようとする本能的な働き（防衛機制）。

②否認

感情、理性ともに相手の死という事実を否定する。

③パニック

身近な死に直面した恐怖による極度のパニックを起こす。

④怒りと不当感

不当な苦しみを負わされたという感情から、強い怒りを感じる。「私だけがなぜ？」「神様はなぜ、ひどい運命を科すの？」という思いを抱く。

⑤敵意とルサンチマン（妬み）

周囲の人々や個人に対して、敵意という形で、やり場のない感情をぶつける。

⑥罪意識

悲嘆の行為を代表する反応で、過去の行いを悔やみ自分を責める。

⑦空想形成

幻想―空想の中で、故人がまだ生きているかのように思い込み、実生活でもそのように振る舞う。

⑧孤独感と抑鬱
健全な悲嘆のプロセスの一部分。早く乗り越えようとする努力と周囲の援助が重要。
⑨精神的混乱とアパシー（無関心）
日々の生活目標を見失った空虚さから、どうしていいかわからなくなる。
⑩受容
あきらめ。自分の置かれた状況を「明らか」にみつめ、現実に勇気を持って直面しようとする。
⑪新しい希望
ユーモアと笑いの再発見。ユーモアと笑いは健康的な生活に欠かせない要素で、その復活は悲嘆プロセスを乗り切りつつあるしるしである。
⑫立ち直り
新しいアイデンティティの誕生。以前の自分に戻るのではなく、苦悩に満ちた悲嘆のプロセスを経て、より成熟した人格者として生まれ変わる。

さらに、大町公は死を受容することにより次のことが可能となるとします。
・死を受け入れ、死を語る

・最期まで積極的な生き方をする
・死は新しい世界への旅立ち⇓死を突き抜ける
・周囲との暖かいコミュニケーション
・終活：葬儀の準備、遺書
・心の澄み

人は誰も自分の力だけでは人生を全うすることはできません。私たちは多くの人たちからの恩恵を受けて生きています。一般に生存を根底から支える主な基盤には、命の基盤、社会の基盤、精神の基盤があると言われています。これから村田久行は人の存在を、時間存在、関係存在、自律存在の三つの柱で支えられた平面と仮定しました。そして、この柱のどれかが崩れ平面が保てなくなりがちになるため、これをサポートして平面を保とうとすることがスピリチュアルケアだとしました。将来の目標や自分を支えてくれる人間関係や自己決定できる自由があるとき人の存在は安定し、平面は水平性を保つことができます。ところが不治の病にかかり、高齢になると時間の柱が折れてしまいます。生活介助が必要になると自分でできることが少なくなり、平面は大きく傾いてしまう状態になります。しかし、自分の生を最期まで支えてくれる周囲の人との関係性があると、その関係性が太くて強固になり、それで支えられる平面は再び安定性が得られるというのです。

人間個人の時間存在と自律存在には限界がありますが、関係存在は家族や愛するものとの関係など可能性が広大にあります。生命の未来に確信を得たとき、時間存在の柱が再構築され、人間存在の平面は水平に安定します。こうして人は時間的、肉体的自律の限界を超えて最期まで悠々と生きていけるのです。

《参考》

・アルフォンス・デーケン『死とどう向き合うか』日本放送出版協会、１９９３
・Ｅ・キューブラー・ロス著、川口正吉訳『死ぬ瞬間』読売新聞社、１９７１
・大町公『命の終わり』法律文化社、２００７、76〜77頁
・窪持俊之『スピリチュアルケア学概説』関西学院大学論文叢書、三輪書店、２００８
・騎西潤訳『デーケン教授の東西見聞録』中央出版社、１９８８
・『心がつくる人生：モラロジー生涯学習セミナー・テキスト』モラロジー研究所、２００６

3 宗教上の死生観

Q：人は死んだらどうなるのでしょうか。

Q：あなたは「来世」を信じますか。

(1) 死後の世界

死後観は大きく次の三つがあります。

・生まれ変わる（輪廻転生）

・別のところにいく（天国、極楽、地獄など）

・無になる

「輪廻」は、何度も生まれ変わり、人間だけではなく動物なども含めた生類に生まれ変わるという考えです。再生の思想は農耕民族によくみられ、もとは先住民ドラヴィダ人のものであったと言われます。ヒンズー教と仏教は「輪廻転生」や「前世・来世」を信じます。古来、ウパニシャッドによって業（行為）の思想と結びつけられ、高度に理論化されてヒンズー教や仏教にも継承され、東南アジアや東アジア世界における死生観にも大きな影響を与えてきました。

仏教、ヒンズー教、シーク教、ジャイナ教は火葬、イスラム教、キリスト教は土葬、ゾロアスター教は鳥葬といったようにさまざまな葬儀方法が実践されています。インド起源の宗教においては、肉体は単に霊魂の容れものにすぎないとみなされることから人の遺体は火葬されます。ユダヤ教やキリスト教、イスラム教は「最後の審判」や「死者の復活」を信じています。死後は永遠に墓の中に眠るのではなく、最後の日には呼び戻されて審判を受け、永遠の生命を与えられる者と地獄へ墜ちる者とに分けられるのです。このためには遺体が必要であり、基本的に土葬にされ、火葬は禁忌とされてきました。

中国では伝統的に死後も生前と同様の生活が続くものという考えがありました。儒教は死後の世界に対し言及することに比較的淡泊でしたが、道教では明器と称される現実で使用される道具のミニチュアや紙で作った貨幣などが副葬されていました。また秦の始皇帝の陵墓に附設された兵馬俑には秦始皇の死後も皇帝を護衛するための実物大の陶製の兵士が副葬されており、そこでも死後は生の延長上にあるという発想が見受けられます。

古代中国では人の死後に「天に昇る魂」と「地に還る魄」という二つの存在が考えられており、古代エジプト人も人間の不可視の要素を「カア」と「バア」に分けて考え、霊魂と同様に人は死後も存在を続け、これらがいつの日か肉体を介して再合一を果たすことで来世の再生が実現されると考えました。古代エジプト人は5千年以上前から死後の再生という発想を抱き続けており、古代エジプトの人びとにとって死はむしろ新たな人生への始まりでした。死後の世界はこの世と同じ生活を送ることができ、その世界での肉体を得るためには遺体をミイラ化することが必要だと考えたのです。

日本では『日本書紀』に根の国、『古事記』には黄泉国という表記で表される地下の世界があり、イザナギとイザナミにまつわる話がよく知られています。しかし、仏教が普及してからは死後の世界のイメージは仏教の教義の極楽と習合し、キリスト教の教義が一般的に普及すると天国とも混同されるようになってきました。このなかで仏教教義においては因果応報説にもとづいて生前に善い行いをしたものが行くとされる死後の世界（極楽・天国）と、悪い行いをしたものが行く世界（地獄）は別々であることが明確に分けられていきました。

『チベット死者の書』では、人間の死後の魂がたどる遍歴が述べられています。ここでは、「生命の本質は心であり、光である」という思想とともに、いかに死すべきかという「死の技術」が説かれています。死者の枕頭で誦される仏典には神々が繰り返し現れ、転生へと誘う光に満ちた死後の世界が描かれています。「死んでも意識はある」ため、耳元で死後に転生するまでの中生についてガイドラインを語るというのです。

(2) 死と宗教

日本では古来、自然現象の中に祖霊の存在を信じ、大切に祀る慣習があり、祖先とつながっています。民俗学では死後の世界について山中他界説、山上他界説、海上他界説などその土地の信仰に根付いた説明をしています。仏教でも死後にはあの世で再会でき、娑婆世界で別れた後の人生を報告するなど思い出話に花が咲くとしています。また敬虔なカトリック信者の場合には、死後に天国で愛する人と再会できるという希望が信仰の根底を支えているため臨終の際にも安堵して逝くことができるのかもしれません。

このように世界にはさまざまな宗教信仰者がおり、死に対する強烈な不安が永遠の生を求め、多くの人たちが死後の世界や死後の幸福を願い、強く信じています。しかし、あの世、復活、輪廻といったことは想像の域を出ず、科学的に根拠のある説明はできません。これらは自己の生命が死によって無に帰すことを嫌い、永遠に存続することを願うために「精神の回復装置」として来世や輪廻を創り出したとはいえないでしょうか。怨霊といった霊についても無念や嫉妬のうちに死んでいった者の気持ちを生きている者が想像し、創造したものではないでしょうか。はたして、それらは人間の強力な想像力が創り出した「死の無意味を隠蔽する独断的な虚構」なのでしょうか。それとも誰もが納得できるようなロジックが存在するのでしょうか。

《参考》
・関根清三編『死生観と生命倫理』東京大学出版会、1999
・ひろさちや『人は死んでもまた会える』青春出版社、2015
・和田浩一郎『古代エジプトの埋葬習慣』ポプラ新書、2014

4　死後の世界

Q：あなたは死後の世界をどのようにイメージしていますか。
Q：あなたは臨死体験や輪廻転生はあると思いますか。

(1) 世界の死後の世界

人は死後についてどのように捉えているのでしょうか。死後は天国や地獄に生まれ変わることや神の国に行くと思う人もいて、死生観も各地各人により実に多様です。『週刊現代』（第55巻第12号）には「人間、死んだらどうなるのか」についての特集がありました。ここには世界各地の死後の世界観や死生観が簡略的に示されており、ここではそれを引用しながら他の地域の事例も含めて簡潔に紹介していきます。死の認識の多様性が理解できます。

・ネイティブアメリカン

死は魂のめぐる大きな循環のなかのワンステップに過ぎない。魂はすぐ次の生命となる。あまりに死が自然な出来事のため、雑念を捨て去り、自分の魂と大自然が調和した気持ちのよい日のことを「今日は死ぬにはもってこいの日だ」などと表現することがある。

・キリスト教圏

キリスト教では、一般的に死者は天使たちのいる天国か悪魔の支配する地獄へ行く。天国の楽園的なイメージは旧約聖書でアダムとイブの暮らした楽園に由来し、地獄の具体的な構造はダンテの『神曲』で語られてから定着した。

・日本

日本では死者は黄泉の国に行くとされる。『古事記』では、日本を生んだ女神イザナミは火の神の出産で死に、男神イザナギは妻を追って黄泉を訪れるも、変わり果てた姿を見て逃げ帰る。

・ポリネシア

島ごとにさまざまな文化がある。フィジーと西サモアの間にあるフォツナ諸島では、生前に戦功のあった死者などは祝福の国に行き、青春を甦らせる命の泉に飛び込める。功績のない死者は地下の洞穴に閉じ込められ、異形の神に責められる。

・中南米

メキシコなどでは「死者の日」という祖先の骸骨を祀り、魂の生まれ変わりを称える祭日がある。３千年ほど前から行われていたとされ、アステカ文明などにも相当する儀式があった。現在もこの日は町中が骸骨グッズで溢れる。

・中国

中国では仏教以外に儒教と道教が信仰された。孔子の説いたエリート向け人生哲学の儒教では「怪力乱神（神霊）」については基本的に語られない。一方、庶民的な道教では不老不死の仙術が説かれ、旅先で死んだ者は故郷に運んで弔うため死体のキョンシーにされた。

・オーストラリア

部族によってさまざまな神話がある。ユーアライ族は死者の魂は先に死んだ親戚の霊に導かれて聖なる山に登り、男女が分かれて住む死者の村で暮らす。男の村には火と動物、女の村には植物と果物だけがあり、死者は自由にそれらを使い、永遠に豊かに暮らす。

・イスラム圏

天国に当たる「楽園」と地獄がある。この世の終末にすべての人間は生前の姿で復活して墓から出され、唯一神アッラーの審判を受ける。そのため火葬はしない。ここで地獄行きを宣告されると責め苦は永遠に続き、助かる道はない。

・インド

ヒンズー教の教えによる「蛇とハシゴのゲーム」がある。善行はハシゴのようにコツコツ積むものだが、悪行を表す蛇を通ると一足飛びに移動できる。しかし、悪行の行き着く先はより惨めな生物への輪廻転生になる。このゲームは旧宗主国の英国経由で欧米にも普及した。

・北欧

北欧神話では世界は九つに分かれ、巨大な世界樹がすべてに根を伸ばしている。地底の国が死者の世界。火葬・土葬など葬儀に地域差はあるが、一般に死者は扱いを誤ると災厄をもたらす怪物になると恐れられた。

・アフリカ

死者は精霊となるが名のある神になる者はごく一部。ナイジェリアのエド族は死者への祈りの際、「あなたは子孫にお金や子孫やすべてを授けるべきです」と唱える。コンゴのピグニー族はすべての死者は飢えも病も死もない世界に行くが、一定の期間後に現世に帰るとする。

（以上、『週刊現代』）

・ベネズエラとブラジルの国境付近に住むヤノマミ族は、魂は地の底の人食いに食べられると信じており、葬儀後の遺灰を残さず食べる。

・タイ中部では遺体に涙が落ちることが不吉とされ、葬式に泣く行為は見られない。バリでも火葬の際に泣くと魂が天国に入るのを妨げるとして顰蹙《ひんしゅく》をかう。ロシアでは子を亡くした母親はあまり泣かないことが望ましく、激しく泣くと魂を傷つけて天国に昇れなくなるとする。死者の魂をこの世の拘束から解き放つべく笑顔と歓びを演出する。死は幸せの終着点であり、晴れやかな出発点である。

・バリにおいては、人体は地・火・水・風・空の五つの元素で構成されると信じられ、死とはそれら構成元素を宇宙に還して魂を再生させることだ。これは「パンチャ・マハ・ブータ」と呼ばれ、自然界のエネルギーを象徴する。

（サラ・マレー、２０１４）

このほか、地中に埋める、火中に投じる、切断してそれぞれ違った場所に安置し乾いた骨となるまで遺体を鳥に差し出す、亡き遺骸を樹に吊るす、洞穴に放り込む、大洋に託すなどがあります。また、一般的には泣き叫ぶことが喪失に直面した人の反応ですが、それがある種、儀礼的または慣習のようになったものもあります。儀礼化することは極度の感情を抑制し、バランスをとる働きがあります。様式化には感情に形を与えますが、同時に会葬者に対する制約として苦悶が歯止めなくなることの防止策にもなるというのです。このように死者を生者から切り離すにはさまざまな段階を要し、それぞれの儀式や慣習を経て魂は少しずつ新しい生へ近づくと考えられています。

(2) 輪廻転生

ダライ・ラマが「輪廻転生制度」の廃止に言及していますが、それは自らの死後の政治的・宗教的混乱を回避するためであり、転生の事実を否定するといったことからではありません。では、転生は本当にあるのでしょうか。これまで輪廻転生については宗教的な領域でしたが、その真実については科学的な論述が求められます。

飯田史彦は「『生きがい』の夜明け」で死後の生命と生まれ変わりについて実証的な論考を試みています。ここでは学術的かつ客観的な立場を守るためとして霊能者や宗教家、民間のセラピスト、ジャーナリスト、文化人、芸能人などが書いた文献は取り上げず、大学教官、博士号を持つ研究者や臨床医の研究のみを参照しています。特に多くの退行催眠や臨死体験の臨床事例から生まれ変わりや「ソウル・メイト」(転生する魂の集団のうちでも特に強い結びつきのある魂同士)について論考を加えています。

飯田は、イアン・スティーヴンソンが『前世を記憶する子どもたち』で「応答型真性異言」の3例を報告し、過去世の時代の言語、その地域の方言、歴史的背景など詳細を語ることから「生まれ変わり」があるとしていることから、生まれ変わりの概念として次のような仮説を立てます。

宇宙には、物理的世界と心理的（あるいは精神的）世界の、少なくとも二つがある。この二つの世界は、相互に影響を及ぼし合う。我々がこの世にいる場合は、肉体と結びついているために、肉体なしには不可能な経験はさせてくれるであろうが、心の働きは制約を受ける。死んだ後には、肉体の制約から解き放たれるので、心理的（精神的）世界のみで暮らすことになるであろう。そして、その世界でしばらく生活した後、その人たちの一部あるいは全員が、新しい肉体と結びつくのではないだろうか。それを指して我々は、生まれ変わったと称するのである。

また、飯田は「ソウル・メイト」について、ブライアン・L・ワイスの次の説を引用します。

過去生への退行は、養子縁組をした家族に朗報をもたらすことがある。彼らは互いに血はつながっていなくても、魂のつながりは血よりも濃いということを示してくれる。私は、養子と養父母の間の縁の方が、実の親子の間の縁よりも深いという事実を示す退行睡眠を、何度も体験した。養子のいる家族の全員に退行睡眠を行ってみると、彼らは過去生でもお互いの存在を認め合うことが多い。親子関係になると運命づけられているのに、実の子として生まれてくる道が閉ざされている場合には、そのための他の道を見つけるようである。養子・養父母の関係は、決して偶然ではない。

ここでは、たとえ自分に血のつながった子どもがいなくとも、他者を愛することで魂のつながりが強固であることが示されています。飯田は最後に次のように述べています。

我々にとって「死」とは、決して恐ろしいものではなく、むしろこの世での修行を終えて帰郷する、安らぎの瞬間である。愛する人々との死別は、決して永遠の別れなどではなく、あの世で再開を喜び合うまでのほんの少しの間、直接の会話ができなくなるにすぎない。しかも、この世で修行を続ける我々を取り囲むように、先立った家族や友人たちの魂が、いつも見守り話しかけてくれているし、我々からの呼びかけも必ず彼らに届いている。我々は、たとえ荒野の真ん中にひとりたたずんでいようとも、決して孤独ではない。（飯田、99頁）

輪廻転生は、死の恐怖を取り除くかのように思えますが、それを信じる人にとっては、牛、豚、鳥、虫など必ずしも人間に生まれ変わるというのではありませんから、次はどういうものに生まれ変わるかという不安も尽きなくなるでしょう。永遠の生命というと素晴らしいことですが、永遠に生死を繰り返さなければならないことにもやりきれなさを感じ、転生の循環から「解脱」して安堵の「涅槃寂静」を願うようになるのではないでしょうか。死も苦悩、永遠に生きることも苦悩であれば生死のない安寧の世界を求めることも理解できます。

飯田の論文には臨死体験談も数多く紹介されています。臨死体験をした人は、途中までは生から死へのプロセスだったが、その後は死後の世界へ一歩踏み入れて戻ってきたと考え、そのどちらも苦しみはなく、喜びに包まれていたと感じるとのことです。このため死や自己の消滅に対して恐怖を抱かなくなり、死後も自分は自我意識を持った存在として存続することを疑わなくなるのです。飯田は多くの臨死体験者がいることから、死後には魂が存在し、それが継続することの証明だとします。

また、E・キューブラー・ロスも2万人の臨死体験者との関わりをもとにして、末期癌患者に対して単なる気休めではなく、「あなたは死んだらお母さんにまた会えます」と言いました。死後に愛した者と再会できる世界があるとすれば死は怖くはないでしょう。死後の世界を信じる人は臨終に際しても安寧でいられるでしょう。

しかし、臨死体験は正確には「死にかけた」体験であり、本当の死は絶対に体験できないものです。本人のみが体験したことであり、客観性、普遍性、再現性の視点での観察が困難です。

死に瀕した状態では血流が途絶え血中の酸素濃度が減り、二酸化炭素が増大したら最後に一度電気的な脈動を発する。科学的には臨死体験はこのとき得られる強烈な感覚であり、脳が壊れる過程での幻覚症状とされます。いわゆる脳の錯覚です。死が近づくと脳血流が弱まり、脳の低酸素状態が起こったら、これが側頭葉の神経細胞を不安定な状態におき、臨死体験に入りやすいというのです。また、死の直前には脳が活動的になり、脳からさまざまな脳内物質が分泌される。エンドルフィンには鎮静作用があり、死の痛みといった精神的ストレスを和らげるが、大量に分泌されると快楽を得て麻薬で錯覚を見るのと同じような働きになるという。また、大脳皮質だけではなく、脳幹でも幻覚を見ると言われます。さらに「脳の再起動現象」（一時的に機能を停止していた脳が意識を回復する際、古い記憶が支離滅裂に放出される現象）では、レム睡眠に近い状態になり、夢に似たものを見るといいます。このように脳科学的には臨死体験は死後の世界体験ではなく、死の直前に衰弱した脳が見る夢に近い現象であるとします。臨死体験時に光を見るという事例が多くありますが、細胞は死滅するときに自然と光る（自家蛍光）ことがあると言われ、このため死は光に関係していないでしょうか。

人々が死について最も恐れることは死ぬときの痛みや苦しみです。それは痛みや苦しみが増すのではないかという不安であり、悶絶しながら死んでいくかもしれないという恐怖です。このため、緩和ケアの技術やモルヒネなどで痛みを抑えることができるようになってきています。しかし、死の瞬間には痛みを感じていないのかもしれません。昏睡状態に入れば自分が死んでいくことさえ分からないのではないでしょうか。脳が機能している間は痛みがあるが、1、2秒で意識が失せ、苦痛はなくなり、自然死、他殺、自殺を問わず、死を察知した脳はドーパミンやβエンドルフィン、セロトニンらの脳内伝達物質を多量に放出し、快感になると言われます。死までに苦痛があっても死の瞬間そのものは苦しいものではないのかもしれません。脳内麻薬が分泌され、恐怖を感じるのではなく、むしろ安らぎを覚えるとされています。このことで臨死体験を経験した人からの感想の多くに美しい花畑などが現れるのかもしれません。

臨死体験を脳内現象だという人は、脳の死とともに意識の存在も有り得ず、死後の世界もないと考えます。しかし、臨死体験を語る人が多くいるという事実があることも動かしがたいことです。もし臨死体験が真実であるとすれば、脳が死に瀕していても記憶があるということは、記憶がすべて脳による働きだということではないという可能性もあります。つまり脳のみが意思や記憶を形成するのではなく、他に何かがあるということになります。それは脳以外の細胞などの物質が意思や記憶を形成することの可能性です。このことは現代の科学では解明できていません。仮説の域を出ておらず、今後の課題となるでしょう。

通常、死については「怖い・孤独・不潔」というイメージが伴うことが多いでしょう。死後の世界についてもさまざまなイメージがあるでしょう。しかし、死は生きている者によって目撃される「死への過程」や「死という状態」であり、そのイメージは「生」の側からの視点であり、死の側からのものではありません。誰も本当に死んだ体験をした人はいないので死の真実は分かりません。いずれにせよ必ず死ぬときがきます。死後の世界は一切ないと虚無感を持って生きるのも人生、死後の世界に期待して生きるのも人生です。

《参考》
・イアン・スティーヴンソン著、笠原敏雄訳『前世を記憶する子どもたち』日本教文社、1990
・飯田史彦「『生きがい』の夜明け―生まれ変わりに関する科学的研究の発展が人生観に与える影響について―」福島大学経済学会『商学論集』第64巻第1号、1995

・飯田史彦『生きがいの創造―〝生まれ変わりの科学〟が人生を変える』ＰＨＰ文庫、１９９９
・大門正幸「『過去生』の記憶を持つ成人―ジェニー・コッケル氏の事例」『貿易風』vol.７、中部大学国際関係学部、２０１２
・サラ・マレー著、椰野みさと訳『死者を弔うということ』草思社、２０１４
・桐山靖雄『守護霊を持て』平河出版社、２０１４、１０８～１１２頁
・三浦尊明『戒名を自分で付けてもいいですか？』青娥書房、２０１５
・「人間、死んだらどうなるのか」『週刊現代』第55巻第12号、講談社、２０１３年４月６日
・「ダライ・ラマ『転生制度を廃止』」産経新聞、２０１５年９月８日

５　死者との距離

Ｑ：あなたは死後に他者からどう思われるか考えたことがありますか。

Ｑ：死者との「一・五人称の関わり」とはどのような関係でしょうか。

（１）人は二度死ぬ

人は二度死ぬと言われます。一度目は肉体的に死んだときであり、二度目は人々の記憶から完全に忘れ去られたときです。逆に言えば、死者を敬い、偲ぶ限り、いつまでも心の

中で存在することになります。通常、故人の精神とイメージは遺された人の心の中に存在しています。精神は故人の産物ですが、故人に対するイメージは遺された人の産物です。このため死によってその人の本質のようなものが見えてくることがあります。このため死者を敬う気持ちがある限り、死者に対する尊厳性は永続可能でしょう。逆に、生きているのに誰からも関心が得られず忘れられている人がいるとすれば、その人は物理的には生きていても、人とのつながりの上では既に死んでいることと同じです。人の生死は社会的な関わりなのです。この意味で孤独がいちばん危険です。

（2）死の孤独を超える

死は、死にゆく当事者にとって「一人称」の死です。「あなたは死ぬ人、私は看取る人」という場合、当事者の死は私からみた「二人称」の死です。「あなたは看取る人、私はそれを見ている人」というのは「三人称」の死です。恋人、配偶者、家族など死んだ人に近しい人にとっては「二人称」の死となり、その死を客観的に看取る他者（例えば医療関係者）にとっては「三人称」の死となります。遠い関係であれば、当事者の死はさほど大きな関心事ではなくなります。ところが、第三者であっても家族に近い心情で当事者と接するときは「二・五人称」になります。「三人称よりも二人称に近い」立場です。ここには第三者として事務的に関わるのではなく、もう少し自分のことのように関わろうとする心理があります。死を機械的にこの世から「済ます」のではなく、第一人称の死者を尊重しようとする立場です。さらに深く本人の気持ちに近く寄り添う近しい関わりが「一・五人称」的関わりになります。これは、より感情移入や投影、同一化することにより当事者の死を我がこととして体感することです。

このように故人との社会的関係や心理的距離によって関わり方が変わってきます。死は誰にとっても恐怖です。早かれ遅かれ、いずれ誰もが死んでいくのです。だからこそ誰もが死に逝く人に寄り添うことができれば少しでも安堵できるのではないでしょうか。

6　死者を送ることの意味

Q：通夜や葬儀に参列するとどんな気持ちになりますか。

Q：なぜお経を読むのでしょうか。

(1)　喪に服す

人が死ぬと、その人がどのような生活をし、どのような文化や人間関係に包まれて生きてきたかがよく分かります。通夜や葬儀は、愛別離苦（愛するものとの別れ）を受け止め、死者の魂を送る意味と、遺された人が気持ちを整理する役割があり、我が身を見つめ直す儀式でもあります。参列した人たちは故人の在りし日を思い浮かべ、楽しかったこと、世話になったことなど良い思い出を探そうとし、故人との関係が意味のあるものであったと思おうとします。死者についての「忘れていいこと・忘れてはいけないこと・忘れなければならないこと」を吟味します。喪に服すとは、故人を忘れるためではなく、故人の思いを胸に刻み込むことで故人を大切にしながら生きていく決意を固めるためにするのです。それは利害関係とは違う次元で死者と心を通わせることです。通夜や葬儀は魂を結ぶ場であり、そこで死者への敬意や愛情を確認しながら自分は今後どう生きていくべきかを問うことで生き方を修正していくのです。

人の死は肉体的な消滅であるだけではなく、それまで生きてきたさまざまな関係性の喪失です。しかし、同時に新しい関係の再生の契機でもあります。愛する人を亡くした場合、これまでの関係が途絶えることになかなか耐えられません。故人とは二度と会うことはできません。しかし、心の中で生き、長い時間をかけてその人の存在感は生前とは違った関係性を築くことができることを感じるようになれます。故人とは新しい関係を創っていくことで死を受け入れていけるようになるのです。死とは故人との関係性の崩壊と再生の作業です。

古来、日本人には死者を敬う精神があり、死者に罵声を浴びせたりはしませんでした。このため通夜や告別式には独得の温かい雰囲気が漂います。死者を敬う空気があるから癒されもしました。故人によって励まされていることと感じることもあり、死者を供養しているようで、実は生きている者が支えられ癒されていることを感じるのです。

かつて葬儀の会葬礼状には「清めの塩」が挿入されており、なかば慣習化されていました。しかし、最近では廃止することが多くなりました。これは生と死は一つであるため死を穢れとすることはないという主旨のためです。また、香典を断るケースも増えています。香典は弔意の表明であり、かつて葬儀費用を負担し合うという相互扶助の役割を担っていたのですが、遺族側には参列者に負担をかけたくないとの気持ちや香典返しの作業を面倒に感じたり、形式を気にしたりしないという合理的精神があるでしょう。また、核家族化が進み、遺族が故人の人間関係を知らないこともあるかもしれません。家族葬が主流になってきていることも、近所づきあいを含め生き方が個人的になってきており、人間関係が希薄化してきていることからではないでしょうか。この関係の希薄化傾向が進めば、葬儀は故人を弔うという意味が薄れていき、故人と親しかった人との思いとは離れたものに変容していくかもしれません。

(2) 読経

葬儀の時には僧侶は読経して引導を渡します。死者本人はまだ死んだことを自覚していないので、もはやこの世に戻れないことを悟らせ、迷界から浄土へと導くのです。元来は経を聞きながら息を引き取るのが理想だったのです。チベット仏教の「死者の書」のように読経は死に対する恐怖心を取り除き、浄土往生への心構えを持ってもらうための「臨終行儀」でした。現在では形式だけが残って死亡後にあげる経になりました。同様のことがキリスト教では牧師が死に逝く人の枕元で説教をする形やターミナルケアとして復活していることもあります。ターミナルには「境界、境目」という意味があり、ターミナルケアはこの世から次の新しい世界への橋渡しのためになされるのです。

仏教の発祥したインドでは死後は転生すると考えられているため先祖供養という思想はありません。仏教が中国に伝播したときに儒教の先祖供養の考えが入り、それが日本に伝わったと考えられます。しかし、経そのものは釈迦の教えが書かれたものであり、死者のためのものでも供養するためのものでもなく、私たちが苦しみから離れて生きるための教えが書かれているものです。しかし、生前に経の意味が分からない人でも、死んだ時には経を理解して有りがたく思うということがあるでしょうか。死者に経が届くというよりも、経は故人を偲ぶ遺族の心に届くのではないでしょうか。教を読むのは、そのことで遺族の心が落ち着き集中するためであり、故人に対するいちばんの供養は経を聞きながら故人のことを思い浮かべることに他なりません。

このように葬儀での読経は遺された人たちの「喪失の儀式」としての機能があり、喪失感や悲しみを和らげてくれます。故人を偲び、死と向き合う時間が遺族の心の回復を生むのです。愛する者を失うことは人生最大のストレスになります。しかし、その人を想っていること自体が、故人と一緒にいることだと思えるようになることで心の痛みが緩和されます。心の中で故人に優しくしたり、優しさを感じたりすることでストレスが減っていくのでしょう。

死は客観的事実ですが、故人は死者を想う人の心の中に心情的事実として生きているのです。人の死は悲しい。しかし、葬儀は死者を他界へ送るための「旅立ちの門」「第二の世界への入り口」であり、生死は連続したものとして見送る自分もまた後で続くと思えば寂しくはありません。

(3) 死者との交流

世界には生死を分断するのではなく、死者との交流や死者の世界への旅などを重視する文化が多くあります。日常の生活として死を見せ、死を実感する場としてはタイのエイズ寺や死体博物館、インドの「死を待つ家」などがあります。また、死者との交流を重視する文化にはバリ島の葬儀、沖縄やタイ、モンゴル、ペルーのシャーマンによる口寄せ・宣託・治療儀礼などがあります。シャーマンたちの体験と臨死体験や幻覚性植物によるサイケデリック体験が類似していることもありますが、これらはいずれも非日常的なことです。

日常的には死者に心残りがあった場合、遺された者の夢枕に立つと言われることが多々ありますが、それが実際にあるかどうかは分かりません。むしろ、遺された者の側に心残りがあれば、夢の中で死者を呼び出すことは考えられます。夢を見ている間は普段封印している感情が夢の登場人物を通じて表出されていくことがあるからです。死者に対して心配や後悔、愛着などいろいろと強い感情を持っていた場合、それが夢の成分となり得ます。ともあれ、このように死者は遺された者の意識の中で生きているのです。

人間には死者と自分との間にも精神的な強いつながりを持ち、死を共有し、共感する心的態度があります。死は向こう側にある特別なことではなく、生きているこちら側とつながっているのです。いかに死と向き合い、死と付き合っていくかを考えることは、生死にかかわらず人のつながり（絆）を深めることになります。

「散る桜　残る桜も　散る桜」（良寛）

今満開に咲き誇っている桜も、やがて散りゆく定めにあります。生命は死との対比により、いっそう輝きを強く放つのです。

《参考》

・大島祥明『死んだらおしまい、ではなかった』ＰＨＰ研究所、２００９

【死は怖くない②】

「もののあはれ」を感じるとは単なる刹那の感傷ではなく、根底に生命を感じることです。生命は過去や未来と無縁ではありません。死んだらそれっきりということはありません。自分の死は自分のものだけではないと考えると、死ぬまでの生き方が充実してきます。死を自分に引き寄せて考えることで他者との絆を見つめ直し、充実した生を送ることができます。死から逃れようとするのではなく、むしろ積極的に死に対して着かず離れずの適度な距離をとり、自由になることが肝心です。

第三節　逝き方上手

1　生きる意味

Q：あなたは「生かされている」と感じたことがありますか。
Q：「幸福になる生き方」とはどのような生き方でしょうか。

⑴　生は受動的

宇宙が誕生し地球が生まれ、それからしばらく後に生命が誕生しました。つまり、生命よりも先に生命を生かす「場」が存在したのです。生命はこの「場」に「生かされている」のであり、生は受動的なのです。客観的にみれば、決して人間の主体的な関わりから宇宙や地球が生まれてきたのではないでしょう。こう考えると「宇宙は人間とは関係なく存在しており、人間の生死には意味がなく、死んで無になるのが嫌だ」といった気持ちになるかもしれません。しかし、人間は関係性の中で生きるのであり、宇宙が人間のためのみに存在するのではなくとも、人間の方から他の動植物や宇宙とも関わりを求めるならば、生きることに意味も価値も創れないとは言い切れません。人間が個人で自己完結するのであればその生命に枯渇を覚えるでしょうが、生命が広く他との関わりに開かれていくとき自己を超えながら生きる意味を持つことができます。

たとえば、誕生日は自分が「生まれた」日なのではなく、自分を「生んでくれた」日と考えると、祝福と感謝すべきは生んでくれた親に対してであり、さらに人間を生んだ宇宙に対してということになります。「生かされている」という意識は、人間の肥大化したエゴを戒め、宇宙と不可分につながっていることを自覚する上で大切に思えます。

命の大切さはこれまで何度も繰り返し唱えられていますが、それでも減少してきたものの年間約３万人が自殺しています。韓国ではそれ以上の数に上るという報告もあります。絶望のあまり命を断つのですが、その背景には「自分の命は自分のもの」という意識がないでしょうか。キリスト教やイスラム教には「人間の命は神によって与えられたもの」という考えがあり、神から与えられたものなので勝手に命を絶つことは許されません。命が自分のものだと思えば、人生で思うようにいかないときに自分だけの判断で命を処分してしまおうとなりがちです。しかし、大勢の人たちと暮らすなかで誰もが思い通りになることなどあり得ません。思い通りにならないからこそ努力するし、感謝の心を持つのです。命を与えてくれたのが神であれ、自然であれ、宇宙であれ、自分を超えたものから「生かされている」という意識を持つことで命を大切にできるのです。

（2）命の尊厳性

全長3ｍになるクロマグロの卵の大きさは約1㎜であり、自然界ではおよそ1億分の1、2匹程度しか成魚に成長できないと言われています。人間の場合はどうでしょうか。約5億の精子の中からたった一つの卵子に入れるのは1匹だけであり、受精卵になることは奇跡に近いといえます。6カ月もすれば胎児には母親の声が聞こえます。生まれたばかりの赤ちゃんは母親のおっぱいを探し、その様子を見つめる母親をはじめ家族に笑顔が弾みます。祝福されることによって自分は愛されている、生まれてきたことには意味がある、命はかけがえのないものだ、と思えるようになるのです。自己肯定感が育まれていくことが人生の艱難辛苦を乗り越えて命を大切にできる基盤になるのです。

しかし、不幸にも諸事情で生まれてこなかった水子もいます。その人たちは「あと少しのところで人間になれなかった。一度は人間として生まれてみたかった」と無念の思いを抱いているかもしれません。こう考えてくると、仮に望まれない妊娠であっても、生まれてきた生命の尊厳性に何ら変わりはありません。この世に生まれるべくして生まれたのであり、代替不能な貴重な生命なのです。

マザーテレサの言葉に次があります。「死にかけている人、障害をもつ人、心を病んだ人、必要とされない人、彼らは変装した神なのです」。誰もがさまざまな宿命を背負った命の化身だというのです。人間は誰も今日は元気であっても明日は病気になるかもしれません。老いたら必要とされなくなり、弱い小さな存在になるかもしれません。それでもこの宿命を超えて幸福感を得るにはどうすればよいのでしょうか。それには生きている奇跡に対して尊厳性を見出すことです。具体的には、他者に対して肯定的で利他的な態度になることです。命を支えてくれている他者へ関心を持ち、感謝し、その全体に貢献して返そうとする生き方は何かを所有する生き方よりも大きな幸福感をもたらしてくれるでしょう。

2　死の質を高める

Q：あなたは自分の老いを何で感じますか。

Q：死の何を恐れているのでしょうか。

(1)　死者からの視点

臨終に際している人のことを「死に逝く人」といいます。逝く者からは、生きている人は「遺された人」となります。しかし、「遺された人」という響きには消極性が漂い、寂しさのあまり「一緒に連れて行って欲しかった」などという人もいます。しかし、生命に完全な勝者はなく、誰もがいずれ「死に逝く人」になるのです。「死に逝く人」も「遺された人」もつながっている等しい命なのです。ところが、近年の教育では人間尊重の精神と生命に対する畏敬の念が謳われ、生きている生命のみに焦点が合わされ、重視されてきました。ここでは死を忌避したあまり「死者からの視点・死者との対話」という視点が欠落していないでしょうか。それでは生きていることに実感が伴わず、無機質で自己の利益中心的になりがちにならないでしょうか。

死者との対話の視点とは、たとえば、いじめにあって死にたいと思っている男児が、「おじいちゃんが生きていたら、いじめられている僕を見て何と言うだろうか。びっくりして悲しむだろうなあ。僕の描いたアニメのイラストを褒めてくれたりしたから、『お前はアニメを描くのが好きだから、もっと上手になって見返してやれ』と言うのだろうか」などと心の中で対話していくことです。故人と対話することの答えはすでに自分の心の中に持っているのかもしれません。それでもその想いを故人と共有したいと思うのです。人間は死者の想いとつながって生きているのであり、私たちは今の自分の生命の礎となった故人の想いに眼を向け、心を通わせることで豊かな日常生活が送れるのではないでしょうか。

中国では「鬼ハ帰ナリ」とされ、鬼は死者の魂の帰ってきた形と考えられていました。日本の古代信仰でも、かみ（神）、おに（鬼）、たま（魂）は同義的にとらえられているなど、古来、死者は私たちの精神世界の中にあり、その様々な姿からいかに生きるべきかを導いてきたことがあります。先に生まれた者が後の人を導き、後に生まれた者は前に生まれた人を弔い、学ぶ。人は死しても遺った人の心の中で生きるのであり、成熟した人生には故人と共に生きる「死者からの視点」があるのです。

(2) QOLとQOD

「病気」と「老い」は違います。病気とはそれぞれの臓器（機能）の異常ですが、老いとは能力の低下であり、経年とともに臓器がうまく機能しなくなることです。老いによる臓器機能の低下は仕方がないことです。だからといって終末期医療の段階になって寝たきりになれば、もう残りの人生は捨ててしまってよいというものではありません。今は機能低下を補うさまざまな技術があります。食事ができなくなった人に対して行う腹部の外から直接栄養を送る「胃瘻」も生きる者にとって良いか悪いかの問題ではなく、技術の進歩による一つの手段です。しかし、最近では、長く生きながらえることよりも、生きている時間をどのように意味あるものにしていくかといった「生きる質（ＱＯＬ：Quality of Life）」を高めることが重視されてきています。ＱＯＬの向上とは一般に、「生命・生活・人生」の質を高めるという概念であり、命を慈しみ、日常生活においても人間としての尊厳を図ることです。

では、どのように生きることがＱＯＬを高める生き方になるのでしょうか。人生の意味は他者が判断すべきものではありません。自己決定が重要なのです。まず何よりも第三者には計り知れない本人自身の「生き方＝逝き方」を選択することが保証されることで「生きる質」も「死の質：ＱＯＤ（Quality of Death）」も高めることができるのです。ＱＯＤとは、その人らしく最期まで生きることができ、いかに満足して死を迎えるかといった終末期のケアの質のことです。終末期から臨終に至るまでの時期における心の豊かさを「死の質」と考えて追求するようになってきました。

米国医学研究所の「終末期ケアに関する医療委員会」は、ＱＯＤについて「患者や家族の希望にかない、臨床的、文化的、倫理的基準に合致した方法で、患者、家族および介護者が悩みや苦痛から解放されるような死」と定義しています。安心して最期を迎えられる社会を実現するために、死を控えた人や家族や周囲の人たちが不安な気持ちを抱かず、満足のいく時間を過ごすために医療施設と医療制度の整備が進められることは望ましいことです。このため緩和ケアの質、保健医療分野の人材の質、保健医療を受ける経済的負担、地域社会とのかかわり、などについて改善されていくことが求められます。

たしかに死を迎える人の尊厳性を重視したケアの充実は重要です。十分な医療とそれを受ける経済力があるにこしたことはありません。しかし、仮に医療が充実し緩和ケアの質が高いとしても、だからといって個々の患者の「死の質」が高いことにはならないでしょう。今唱えられているＱＯＤとは医療や介護のあり方を照らし返すための指標であり、それはターミナルケアと同様に医療や介護の側から発信された「看取りの質」にすぎません。そのことは周辺整備として重要ですが、追求すべきＱＯＤの本質ではありません。たとえ「看取りの質」が低かろうとも、逝く者の内面が満ちておれば、それは「質の高い死」となるのです。「豊かな死（successful dying）」は逝く当事者の心的問題であり、自分が死ぬことの意味の追求といった、いわば霊的痛みの克服といった「死に方」の問題なのです。それはいかに自分の生死に意味を見出すかといった各人の死生観の確立に他なりません。そのことを置き去りにせず、真正面から立ち向かうことこそがＱＯＤを高めていくのです。

(3) given and give

人間の生には生物学的な生、精神生活、社会生活での生があります。死は生物学的には物質が消滅することですが、生きているときに培った精神や社会関係は残された人たちの中で存続が可能です。死によってすべてが無に帰すと思うのは生物学的な生であり、死後には意識はなくとも何かが残るのではないかというのは精神性の生です。ところが、理屈の上では、いくら死を理解できても、本音では「死にたくない」という自己執着がありま す。深層ではエゴがはびこっていて、死を考えることはエゴと向き合うことになるので極力自己の内面を抑圧して見ないようにすることもあるでしょう。生まれてくることは母親との二者による行為ですが、死は一人での出来事なので孤独を感じ、エゴに陥ることも理解できます。

たしかに個体としての死は孤独かもしれません。しかし、死は生命の種としての再生のためのものでもあり、決して孤独なものではありません。死が孤独なものではないということは、生もまた孤独なものではないということです。戦後の個人主義により「家族」は「個族」「孤族」と揶揄されるほど他者との関係が希薄になったこともあり、そのことの揺り戻しなのかもしれませんが、大地震などの自然災害がきっかけになり、家族や共同体の絆を取り戻そうとする動きが現れたことがありました。復旧のために多くのボランティアの人たちが活動しました。共同体としての情緒や感性を育て、精神的な絆を強めることで被災者の孤独感は和らいでいきました。人は一人で生きているのではない。このことを再確認するものでした。事実、これまで人類が誕生して以来、数千億万人の命の営みが土に帰しており、今の自分の存在があるのです。そしてこれから生まれてくる数千億万人の人生があります。個体の死を超えて命も文化も繋がっており、有形・無形の絆が続くのです。死を肯定することはできませんが、死を受け入れることに前向きになることは重要です。

生の質を高めるものは「貢献」であり、死の質を高めるものは「感謝」です。貢献とは一般に人の役に立つことですが、何も大きな社会貢献をすることだけではありません。たとえ痴呆の人が何度も何度も折り紙を折ってくれた時にも「もう、いらない」と言うのではなく、「ありがとう」と言って返すことが、その人の自己有用感を満たすことになるのです。人の役に立て、感謝されることが生きることの質を高めることになるのです。たとえ死に瀕している人であろうとも、生きていてくれているだけで家族には力が与えられていることもあり、究極的には存在そのものが貢献なのです。

仮に幼少期に亡くなったとしても、ましてそれが理不尽な殺害事件の場合には加害者への憎しみが募りますが、それでも悲嘆と憎悪に暮れるばかりではなく、故人に対してはそれまで家族として生きてくれたことに深く感謝することで死者は浮かばれるでしょう。死自体に罪はなく、死者をいつまでも敗者にしてはなりません。

貢献とは、自分の命はすでに与えられたもの、授かりものであるので、何かの形で返そうとすることです。「お世話になったこと」を自覚し、「して返そう」とする〝given and give〟の関係であり、これは内観療法にも通じるでしょう。自分が世話になり、して返そうとする対象はその人により家族や社会、自然、宇宙といった大きな全体性へ広がっていくでしょう。

（４）霊的痛み

死とは「我」がほどけていく過程です。末期癌を宣告された患者が自暴自棄に陥ったりすることも、不安で不眠症になったりすることも、強い我がこれに逆らい、絶対に死にたくないと叫んでいるのです。我とは単なる自我ではなく、その根底にある魂のようなものです。今のままではその魂が死を受け入れられないのです。

死に際しては、このように身体的痛み、精神的痛み、社会的痛みの他に霊的痛み、といった四つの痛みのあることが考えられます。ＱＯＤの質を高めていくには、とりわけ霊的痛みを克服していくことが求められます。

霊的痛みとは次のような痛みのことです。

・私の人生にはどんな意味があるのか。（人生への問い）

・これまで大切にしてきた地位や名誉や財産に何の意味があるのか。（価値体系の変化）
・なぜ私が苦しまなければならないのか、この苦しみに意味があるのか。（意味の追求）
・これまでしてきた悪いことはどうすれば許されるのだろうか。（罪の意識）
・死が迫っているのを感じる、死ぬのが怖い。（死の恐怖）
・神は存在するのか。（神の存在への追求）
・死はすべての終わりなのか、死後の世界はどうすれば信じられるのか。（死生観）

このような死に対する不安、恐怖、孤独感といった霊的痛みともいえる精神的痛みを癒すには、「縦関係」と「横関係」で和解していくことが求められます。縦関係とは超越者（神仏など何か偉大なもの）との関係であり、そこでの和解とは、その存在を受け入れ畏敬の念を示すことです。横関係とは周囲の人々（家族、病院スタッフなど）との関係です。この二つの関係における畏敬と感謝による和解が死を受け入れていける素地になっていきます。和解が得られることで、死の目前では真っ白な存在になり、何か大きなものに帰依し、そのものの大きな愛に包まれていくような安堵感を覚えるでしょう。人間の意識の根底には、どこまでも何かに所属していたい、愛されていたいという欲求があるのです。

《参考》
・大井玄『「痴呆老人」は何を見ているか』新潮新書、2008
・木村良一「人生の終わりをどう生きるか」産経新聞、2014年4月5日

3　何が私であるのか

Q：これまでに何か「自分探し」をしたことがありますか。
Q：自分の手足は本当に自分のものなのでしょうか。

(1) 自分探し

かつて日本には死者を敬う思想がありました。しかし、特に戦後には死は忌むべきものとして忌避するようになりました。国家という全体よりも個人を重視する「自己実現」がもてはやされ、自己啓発の「自分探し」が生きることのテーマとなりました。この結果、「何のために生きるのか」の答えは「自己」に集束していきました。しかし、人生の目的を自己実現のために生きることとし、「自分とは何か」を考えるようになると、エゴイズムが蔓延し、その帰結として虚無感が漂うことにならないでしょうか。

執行草舟は、主観的に「私は何であるか」を問えば外見から内面までとめどもなく自分探しにさ迷い、「閉じられた自己」となり、自己中心的になりがちであるという。執行は世の中の誰もが自己中心的になると人間関係に信頼感が失われ、虚無感が漂うことになるが、「何が自分であるのか」と問うことで我執を離れることができるとします。例えば、自分を構成しているものは、肉体的には父であり母であり、精神的な影響を受けた人物には祖父母がいて、小学校の先生がいたなどとするのです。

自分を構成するのは、こうした多くの方々なのです。私の一つひとつの細胞の中には先祖もいます。こう考えると、まるで私でないものが集まって私を形成しているように思えます。私の中にはいくつもの自分や他者がいて、「人生を一貫した本質的な私」という独立した存在などないのです。この見方をすれば生きていることが寂しいことではありません。むしろ慈しみの目でものを見て、自分の周りで生きている人や生き物のおかげで自分が存在する、というように命を味わって生きていけます。自分の命はもちろん、自分を支えてくれている人の命も、まだ知らない人の命も大切に思えてきます。

このように「何が私であるのか」と、自己を客観的に対象物から眺めてみると、自己の存在を「開かれた自己」として環境との関わりの中で考えることができます。自分を対象との関係で問うことで自己客観化ができれば自己中心的な考えがなくなり、社会とのつながりに意味や価値を感じられるようになれるのではないでしょうか。「何が私であるのか」の問いは利他的な発想となる基盤です。自分の生命を対象物との関連の中でとらえようとするとき、自己実現は個人の自己実現ではなく、社会との健全なつながりの中で達成される自他実現になるでしょう。

自己の本質は自我にあるのではなく、自己を超えたところにあるのかもしれません。極論すれば、自我なんてないのかもしれません。個人に自我がないという意味ではありません。人は多くの人の影響を受けてきて今の自分の自我を形成しているのであり、そこにあるのは一個人だけの自我ではなく、他者との関係を含んだ全体性なのです。このため、自己を中心にして人生の意味を求め、自己の人生に期待するのではなく、自己をとりまく大きな生命の側から自分の人生に何が期待されているのかといったことを考えることが大事になるのです。

(2) 借り物

大島祥明は、身体はいわばこの世の借り物・乗り物といった枠組みだとします。川の流れの中に竹篭を入れると篭の中にも篭の外にも水があり、水が入れ替わって流れていきます。篭の外の水も中の水も同じであり、〝一体〟なのです。篭が身体であり、水が連続する生命の本質だとするのです。身体という篭がなくなっても生命という水は存在し続けます。むしろ死によって身体という篭がなくなることで本質が現れる。その本質こそが生命だというのです。

本質についての説明にはロウソクの例があげられることもあります。今、目の前のロウソクに火が灯っているとします。その火はどこからきたのでしょうか。着火する条件がそろえば火が灯り、また別の条件になれば炎は消えます。しかし、火の本質はそこにいるのであり、決してどこかへ行ったのではないというのです。存在する条件がなくなったから、これまでの現れ方を止め、他の形となって現れているのです。つまり、死の本質とは無になることではなく、新しい形になることです。今日の自分は昨日の自分とは違い、明日の自分はまた変わっていきます。身体は変化していきますが、それでも生命の本質は不変なのです。

《参考》
・大島祥明『死んだらおしまい、ではなかった』ＰＨＰ研究所、２００９
・執行草舟「根源へ」『正論10月号』産経新聞社、２０１１
・トーマス・メッツィンガー著、原塑、鹿野祐介訳『エゴ・トンネル―心の科学と「わたし」という

謎』岩波書店、２０１５

Q：生命のバトンリレーで、あなたが渡すバトンは何でしょうか。
Q：あなたはいったい何人くらいの先祖から生まれてきたと思いますか。

4 使　命

(1) 生　命

腐乱した死体にわく蛆虫《うじむし》も力強い生命だと思うと輝いて見えます。蛆虫は死んだ人間の体の中で自分の生命を息吹かせ、懸命に生きます。人間の死体は終焉ですが、蛆虫には新しい生成の場です。人も蛆虫も、万物にとって生命の継続こそが最大の使命であり、その使命を果たしているときに輝いて見えるのです。しかし、闇と光は一対であり、闇があるから光輝くのです。光もやがて尽きると闇となり、すべてが闇の世界に帰ります。そしてまた闇から生命が現れたときに、それが光になるのです。蛆虫と死体は光であり闇であり、闇であり光でもあるのです。二分法ではなく、互いに内包し相互補完し合うのです。

人間は草食であり、肉食でもあり、さまざまな自然の恵みを食していますが、水中にも土の中にも命があり、生きるためにそれぞれがさまざまな命を食しています。人間は食物連鎖の頂点にいますが、「ヒト科のヒト」は、無数の生物種の一つにすぎません。自然そのものが生死一体のリズムに貫かれており、私たち自身も自然の生命体系の一部ですから、他の生命の死によって支えられていることを理解しなければなりません。

古来、「山川草木悉皆成仏《さんせんそうもくしっかいじょうぶつ》」として自然の生命を大切にしてきました。一つの命は他の命から切り離されて存在するものではありません。空間的、横に広がった「水平的視座」からは、生物は関係し合って生きているのであり、縦の時間的連続性の「垂直的視座」からは、生命が誕生して以来、何百万人という数えきれない祖先がいて今の自分がいるのです。途切れなく命のバトンリレーをしてくれたおかげで今の自分の命があり、自分の後にも何百万という生命が未来に継続していく可能性があるのです。（梶田叡一、２００９）

死は個体の生命が断たれることですが、生命の継続が絶たれることではありません。生命は個体を超えて遺伝子が子々孫々へ受け継がれていきます。生物はまるで駅伝走者のように次世代へ命のバトンリレーをしながら進化していきます。人間はこのとき経験を伝えることで文化や文明を発展させており、精神や心のリレーもしているのです。子どものいない人たちも周囲の人たちを支えることでリレーのサポーターとして貢献していることになります。科学、芸術、スポーツなどの業績のある人は文化やスポーツのリレーでは主役として参加しているのです。こう考えるとき、死により現実的・物理的な生活は断たれますが、生命にはまだ続きがあるのです。たとえ望まれなくて生まれてきたとしても、命自体に罪はありません。生まれた命は生命の勝者であり、この強いエネルギーがさまざまな形で次代へ命をリレーしていくのです。リレーのランナーであれ、サポーターであれ、命のバトンを渡し、生き切ることが生まれてきた者の使命なのです。

この使命を科学的、社会学的にまとめると次のようになるでしょう。

・個体としての人間は死んでも、遺伝子は後世に伝わっていく。(生命の継承)
・後の社会に残るような文化を伝えていくことが社会的生命としての人間の役割である。(文化の継承)

文化の継承については、一般的に人が次代に遺せる価値として土地、家屋、知識、経験、人脈、蔵書などの資産があげられるでしょう。手っ取り早く実現可能な生き方としては何がしかの財産を遺すことかもしれません。事業を遺すこともできます。その才覚や地位、資金のない人は思想を著述にしたためて遺すことができます。誰もが後世に遺すことのできるものは、その人の生き方です。その生涯を世の中への贈物としてこの世を去ることです。蔵に財を遺す経済家がいて、自身に教養を財として身につける人もいます。スポーツ経験や技術を伝えることで文化や文明を発展させることもできます。どれが最も価値があるというものではありません。何であれ他者と健全につながり、自分らしくあれば、それでよいのです。

(2) 命のリレー

生命は死ぬからこそ種を保存するために遺伝子を引きつぐ命がけのリレーをしていきます。植物も動物も人間も皆そうです。たとえば目の前にある一尾のサンマはどうでしょうか。いったいこのサンマが生を受けるには、これまで海の中でどれほどのサンマが生きていたでしょうか。捕食されてもまだ生き延びてきた生命の尖端が食卓に上っているのであり、捕獲されなかったサンマは来年も再来年も、何年も先にも生き延びて子孫を残します。

人間の命も授かりものであり、自分の命には両親という二人の命の上に成り立っています。この二人にはそれぞれ二人の両親、つまり4人の祖父母がいます。祖父母には8人の曽祖父母がいました。20代も遡れば百万人を超える生命のかかわりがあり、自分は今、その先祖からのバトンリレーの先頭にたっていることになるのです。もし、この百万人の中のたった一人の生命が欠けていたら自分はこの世に存在しなかったのです。今ここに生きているのは奇跡と神秘の積み重ねの結果なのです。

平成24年度に6歳で脳死に陥った子どもの臓器が他者へ提供されました。平成28年にも6歳未満の女児から移植されたことがありました。家族は苦悩の末に子どもの生命が他者の中で生き続けることを望んだのでした。臓器提供が崇高な行為に思えるのは自分と他者とが分断されておらず、つながっており、むしろ自分を捧げて他者を助けるという利他の精神性にあります。臓器提供を受けた人も何年後かには必ず死にますが、臓器移植は人間が自分の命を他者を助けるために捧げることができることを示しました。この家族の決断と愛が幼い死者を短くても英雄的な生涯に仕上げたのです。人間はこのように自分を超えて生命をリレーすることができます。生き延びるために生命の本能が自他を超えた選択をしたのかもしれません。

ところで、百年とはどれくらいの時間なのでしょうか。百年あれば桜が百回咲いて百回散ります。しかし、桜は同じように咲いても同じ花びらは二度と咲きません。

年年歳歳花相似　歳歳年年人不同　寄言全盛紅顔子　応隣半死白頭翁（劉廷芝）

百年も経てば桜を眺めた人たちも大抵この世からいなくなります。いなくなるけれど、この世にいなかった人たちがたくさん生まれてきます。次はその人たちが桜を愛で、そしてまた百年が繰り返される。このようにして悠久の時間の中に人は生まれ、死んでいくのです。

では、もっと長い時間ではどうでしょうか。現在、原子力発電などで使用されている核の廃棄物は完全に無毒化されるまでに10万年あるいはそれ以上かかるとされています。10万年前はネアンデルタール人から現生人類のホモ・サピエンスになり、まだアフリカを離れておらず、百万年前はホモ・エレクトゥスが出現した時代だとされています。彼らと今の私たちの行動の間には因果関係はなく、これから10万年後、百万年後にはまた別の人類に入れ替わっているかもしれません。

さらに長い時間となれば宇宙の時間になります。宇宙はとてつもなく広大であり、最速の光でさえ届くのにかなり時間がかかります。地球から5百光年の距離にある星を望遠鏡で覗いたとき、今見えているのは5百年前のその星の姿であり、たった今の姿を見ることができるのは5百年後になります。今現在その星がどうなっているのか、はたして存在するのかさえ分からないのです。宇宙時間に比して私たちの人生はたかだか一瞬にすぎません。

個人の死は全人類からみればほんの一部にすぎません。しかし、死の当事者からみればすべてが虚無になることであり、まるで全人類の破滅にも匹敵する重大事に思えます。この強烈な恐怖を脱するにはどうすればよいのでしょうか。

「自分は無宗教だからどうしよう。今から何か宗教に入ろうかな」と不安に駆られている人もいるかもしれません。しかし、唯一の正解などないのです。特定の宗教などのガイドラインに沿って生きることができたとしても、いかにそれが有効なものであれ、それは他者の生き方です。「いかに生き、いかに逝くべきか」の追求はどんなに苦しくとも自分自身が見つけ出していくものです。対峙すべきは自分自身なのです。深い自己洞察が求められます。

死の恐怖を乗り越えて安堵を得ることに共通していることは、永遠なるものとのつながりがあります。では、その何か永遠なるものとは何なのでしょうか。それも教えられるものではなく、自分で創り出していくものです。

それには、日常生活の中で宗教や科学、絵画、音楽、スポーツなどあらゆるものから、見えないものを観て、声なきものを聴いて、無いものの中にも何か本質のあることを知るような関わりを心がけていくことです。

《参考》

・梶田叡一「〈いのち〉の教育を考える」『教育子午線（21）』兵庫教育大学大学広報室、２００９

・名越康文『どうせ死ぬのになぜ生きるのか』ＰＨＰ新書、２０１４、35頁

【死は怖くない③】

故人は誰を愛し、誰に愛され、どんなことで人に感謝し、どれほど人から感謝されていたのかなど、「いかに生きてきたか」を問うことが「どう死んでいったか」を理解することになります。人の役に立て、感謝と共に死ねれば本望でしょう。このため、死に逝く人に対しては「あなたに会えてよかった、いつまでもあなたを覚えておきます」という感謝のメッセージを伝え、折にふれて思い出すことが弔うことになります。

弔うとは、他者が自分の中にも存在し、意味があることだと思えるようになることです。無駄に消えるのではなく、死後も何らかの形で活かされ、これまで生きてきたことが次に生きる人たちにつながり、社会のためになる。他者への貢献と連続性が感じられれば死に対する虚無感がなくなります。死ぬときは一人です。しかし、他者とつながって生きるとき、生も死も自分ひとりのものではありません。あなたが誰かを愛している限り、死は寂しくも怖いものでもありません。

第Ⅱ章　人間はどこから来て、どこへ行くのか

生とは何か、死とは何か
生の前に何があり、死の後に何があるのか
生命はいつ生まれ、いつ終わるのか
生死をつかさどるものは何か

「なぜ、死があるのか」。人間は死の恐怖から逃れたいとして宗教、科学、芸術などにその解決を求めました。答えの如何によっては、人間にとっての老いや死は衰弱ではなくて成熟となり得ます。死があるから生の喜びもあるのであり、もし同じ遺伝子、同じ細胞、同じ人間が永遠に存在し続けたら、悲しみも喜びもなく、宗教も科学も芸術も文化もスポーツも高まらなかったでしょう。

今後、遺伝子解析や宇宙物理学が進むことで、どのようにして宇宙が誕生し、生命が生まれたのかといった原理が解明されていくでしょう。人間が生まれてきた経過も解明されるかもしれません。しかし、生命を現象として理解できても、それだけでは人生にとって無味乾燥でしかありません。生死が意味あるものとして希望をもって生きるためには冒頭の命題が最大の関心事になります。

人は死ねば無になるのでしょうか。何もないところへ落ちていくしかないのでしょうか。人間を物質だけで捉えたのでは死へ向かっている人間像しか生まれてきません。現代人の最大の不幸は生きるためや死んでいくための肯定的な哲学がなく、悲しみと虚しさだけが残ることです。生のみを優先して死を忌避していけば、人は誰も死ぬのですから、やがて全員が敗者となります。敗者へ向かう人生では厭世的になります。生の質を高めると同様に死についても、その質を高めることのできる理論が構築できないでしょうか。

ここでは遺伝子の役割を再考しながら、岸根卓郎『宇宙の意思』および『見えない世界を超えて』で紹介された現代物理学の理論を参考にし、東洋神秘思想を含めて、微視的・巨視的な観点から人間の生死やその意味について考えていきます。

第一節　遺伝子

1　遺伝子の乗り物

Q：「人体は遺伝子の乗り物」。では、あなたは何なのでしょうか。

Q：あなたはゲノム編集についてどう思いますか。

(1) 遺伝子の使命

すべての生物の設計図は、A（アデニン）、C（チニン）、G（グアニン）、T（シトシン）という四つの遺伝文字（塩基）で書かれています。DNAは物質であって生命そのものではありませんが、人も豚も桜も、あらゆる生物のDNAは四つの塩基でできており、基本的な構造は同じです。その量と組み合わせが違うだけで人間になったり、豚になったり、桜になったりするのです。すべての生命はその根源において一つであり、あらゆる生物は四つの遺伝文字を通じて相互に関連し合い助け合って生きているのです。

分子生物学によると、宇宙から地球を経て生命に至るにはDNAという一本の糸でつながっていると言われています。宇宙塵の中の有機物が最初の生命を獲得して以来、生命の進化の記録、遺伝情報がＤＮＡに刻み込まれ、すべての生物の各細胞に畳み込まれていま す。人間一人の細胞の数は37兆個であり、一つひとつに１８０㎝もあるＤＮＡが畳み込まれているのです。一人の人間の持つＤＮＡ全体の長さは、「37兆×１８０㎝＝約６６６億㎞」となり、光の速さ（秒速30万㎞）でも２日以上かかります。この一つひとつに、どのような病気になるかとか、寿命とかいったことも遺伝情報として刻み込まれているのです。

この世界には完全に乾ききっても雨が降れば蘇生するネムリユスリカの幼虫、セ氏１５０度でも零下１５０度でも生き延びるクマムシ、切り刻んだ分だけ個体数を増やして再生するプラナリアなど驚異的な生命力をもつ生物がいます。それぞれが生き抜くためにＤＮＡに特質があるのです。ところが、人類は遺伝子変異と生殖を通じて生き延び、進化を続けてきました。一倍体細胞生物である大腸菌は自ら死んでいくことはありません。しかし、人類のような二倍体細胞生物は父母（オス・メス）遺伝子セットで生まれます。オスとメスの遺伝子がかけ合わさり、新しい遺伝子を生み出し進化してきました。それは自ら不要と判断した遺伝子を死によって消去する過程でもあり、それが「死の起源」でもありました。つまり「性と生死」は裏腹の関係です。性により死が生じ、生まれるためには死ななければならず、今の生があるのは死のおかげであり、逆に言えば、死ぬために生まれるのかもしれません。

胎児の時には指の間の余分な細胞が自ら死ぬことで5本指の手指が形成されていきます。今でもネクローシス（壊死）やアポトーシス（自死）といったように細胞は毎日死を迎えています。人体は約37兆個の細胞からできていて、毎日3千億個～4千億個の細胞が死んで、生まれています。その中の2百分の1が毎日死んでいて、それはもう新しく生まれない、いわゆる細胞の寿命を迎えるのです。細胞の死にはDNAを切断し、細胞の機能を停止させる「死の遺伝子」の働きがあり、遺伝子プログラムでは細胞は必ず死ぬようになっており、細胞は一定回数の分裂をすると自然に死ぬようになっているのです。

この「命の導火線」に当たるのが細胞の核の中にある染色体の両端に当たるテロメア（telomere）という部位です。細胞分裂とともにこの部分がすり減っていくと、それ以上に細胞分裂ができなくなり、アポトーシスを迎えます。それが個体の寿命です。生物は子孫を残すためにこの世に生まれ、さまざまな苦難を乗り越えたわずかな生き残りが生殖を行い、子孫を残していきます。生殖が終了することで生まれてきた役割も終えます。生物のテロメアの長さは生殖年齢が終了したら死ぬように設定されているのです。

このように通常の生物は生きるシステムとして異なる二つの遺伝子が合体する方法を採用し、多様性を生み出しました。多様性を手に入れることで生物全体として生き残る可能性を高めてきました。しかし、遺伝子はいつまでも正確にコピーできるわけではなく、その回数には限界があり生物学的には欠陥は確率としてある数どこかにあるのです。ＤＮＡの性質から考えると、一人の人間には遺伝子上の欠陥が10個くらいあり、ないわけにはいかないと言われます。

さらに高齢になれば遺伝子も老朽化して壊れていきます。そのことは個人には障碍となって現れますが、その個人の住む社会にとっては社会全体で持っている障碍になるのです。個人を切り離さず、社会で抱えていくことが福祉思想の原点ですが、遺伝子上の欠陥は生命が全体として生き残るときに有している宿命でもあり、人類全体が抱えているといえます。人間も他の生物も寿命を決定する負の遺伝子をたくさん持っています。しかし、人間はその宿命を悲観するばかりではなく、宿命と共存して乗り越えていこうとする努力ができます。諦めるのではなく、遺伝子に抗して意志の力とその人の生き方で別の運命を選択し、最期まで輝くこともできるのです。

(2) 寿　命

老化は人生の苦悩の一つですが、老化を遅らせるサーチュインと呼ばれる遺伝子が働く仕組みをワシントン大学の今井真一郎准教授らのグループが明らかにしました。脳の一部でこの遺伝子が働き、老化現象を左右していることをマウスの実験で確かめたのです。サーチュイン遺伝子は老化を遅らせ寿命を延ばす働きがあるとされ、働きを強めるサプリメントが開発されるなど注目されています（『朝日新聞』２０１３年9月6日）。このサーチュイン遺伝子を活性化することができれば、人間の平均寿命を延ばせる可能性がでてきます。失われた細胞や器官を移植・再生し機能を回復させる医療はドナーの要らない臓器移植を可能にするでしょう。しかし、脳の移植は記憶の移植問題などがあり、難しく思われます。また、脳の寿命は１２０~１３０年と言われており、その後も生き続けるには人工知能の移植が課題になるかもしれません。

では、クローン技術はどうでしょうか。ある人のゲノムをまるごとコピーして人間をつくるクローン技術は自然の摂理に反しますが、体外受精などの反自然行為が社会的には受け入れられているものもあります。精子や卵子を凍結保存しておいて死後生殖したり、人体を冷凍保存したりするなどの技術も高まり、生命についての認識はまさに過渡期にあるでしょう。最近、実際に自らの卵子を凍結保存しておいた卵子で出産した事例がありました。また、若い癌患者妊婦の妊娠の可能性を広げるため、卵子や精子を冷凍保存する費用を助成する制度を始めたところもあります。しかし、ある人が死に、その人の細胞が再生され、仮にクローンが生きたとしても、そこまでして生きることには意味があるのでしょうか。

これまで人類は一つの個体の生命が長く生きることよりも、生命としての多様性を持つことで生き残ってきました。遺伝子の多様性が生命を生きながらえさせてきたのです。多様性を創り出すには世代交代としての死が必要なのです。遺伝子を一部組み替える定期的なリセットとして個体の死があるのです。死は生と同様に世代交代として必要なのであり、究極の多様性を得る術なのです。いつまでも生きていたのでは新しいＤＮＡが生きていけません。死で世代交代が果たせ、新しい遺伝子が出来上がり、また生命が生き延びていく。死の意味は生命の継続を次の世代に託すことであり、寿命とは子孫を残すために必要な時間のことです。

生物の寿命は生殖能力とかかわりがあり、生殖能力が寿命でした。このため人間も生涯にわたり性を意識して生きることで寿命を長らえることができるのです。このことは独身者よりもパートナーがいる人の場合に寿命が数年長いことからも分かります。性への欲求が生へのエネルギーを高めていくのでしょう。しかし、高度な精神文化を有する人間にとって長寿につながることは、性愛に限らず愛情を注ぐ対象があるということです。子どもや愛玩ペット、趣味の盆栽などの動植物でもよいでしょう。究極のアンチエイジングとは他を愛することです。

(3) 遺伝子の乗り物

私たちの身体は「遺伝子の乗り物」のようなものであり、遺伝子は乗り物を乗り換えながら進化していきます。しかし、人間が子孫を残す活動には生殖活動だけではなく、優秀な子孫に育てるという文化的教育的な環境作りもあります。遺伝子は直接あるいは間接的に文化の影響を受けながら進化していきます。細胞が単体で完結すると考えれば厭世的になりますが、自分の細胞が終えても異なる次の細胞への橋渡しになると考えれば次世代へとつながっていけます。

近所の子どもへの利他的なかかわりも、その子どもの遺伝子に影響を与え、より進化した遺伝子の乗り物となって遺伝子をリレーしていけるのです。隣人の家族を愛すること、コンビニの店員さんに笑顔を送ること、そのすべてが人のＤＮＡを活性化することに通じるのです。そのことがたとえ自分にＤＮＡの継承者がいなくとも人類全体のＤＮＡを優れたものにしていくのです。仮に自身が重度の障碍を持って生まれてこようが、ＬＧＢＴといった性的少数者であろうが、そのことに関係なく、愛のある生き方は社会に貢献していけるのです。命の系譜の主役であろうが脇役であろうが、リレーに参加できた年月は奇跡的であり喜ばしいことであり、それを全うした命を「寿命」というのです。

（4）DNAの可能性

年齢を重ねてくると周囲から大切な人が一人欠け、二人欠けていき、年末になると喪中葉書を受け取る枚数も増えてきます。旧友や親戚などかけがえのない人がどんどん亡くなっていきます。そんな状況のもとでは肉親が元気でいてくれるだけでも心強く、安心できます。この世に血の繋がっている人がいるというだけでの安心感というものがあり、それはどんな立派な人と知り合っても他人からは得られません。子どもの頃から肉親と交わった思い出は体に染み込んでいて、歳をとるとそれが懐かしく温かく感じられます。これは皮膚感覚のようなもので、自分に近しいＤＮＡに親しみを覚えるのかもしれません。

また、人間のＤＮＡには他者と共感する力も備わっています。喜びも悲しみも心の奥底でつながっていて、どのような人ともつながって生きていけます。人間は老化とともに肉体は衰えていきますが、精神はますます高揚していくことができます。ＤＮＡの本質はこの精神性にあるのかもしれません。音楽、絵画などの芸術や文学などに触れたとき、精神を揺さぶられる思いがすることがあり、時代や地域を超えて、人の生き方に感動することもあります。ＤＮＡは外からの影響を受け、ストレス、不摂生などのマイナス刺激は細胞の破壊を進め癌の発生を促します。しかし、逆に笑いや癒し、優しさ、感動などは細胞を健康にしていくと思われます。

犬が人間を命がけで助けた場合には賢い忠犬だとして誉めそやされます。ところが、人間が犬を命がけで助けた場合には、どう評されるのでしょうか。豚の細胞を人間の皮膚の一部に移植して人命救助に寄与する試みは受け入れられます。しかし、人の皮膚を豚の命を助けるために使うことは受け入れられるでしょうか。下位の生命が上位に寄与することは受け入れられるが、その逆は生命倫理に反すると思っていないでしょうか。それは今、人間のＤＮＡが生物界の頂点に立つと考えているからです。しかし、実際には犬やネコ、鯨のＤＮＡもコケ類など植物のＤＮＡも、それぞれが戦略をもって生き延びようとしているのであり、このことこそが自然の摂理なのです。ネアンデルタールが滅び、クロマニオンが生き延びましたが、はたして次に新人類が出現するのか、今後の様相を見届けるのはどのＤＮＡなのかは分かりません。さまざまなＤＮＡがそれぞれの戦略で生き延びようとしており、まだ本当に生き延びることのできる優秀なＤＮＡは何なのか分かりません。

（5）ゲノム編集

人間は動植物の設計図であるゲノム（遺伝子情報）をどこまで操作してよいのでしょうか。従来の遺伝子療法は働かない遺伝子の代わりに正常な遺伝子を挿入する方法が取られていましたが、今では遺伝子の削除、置換が可能になり、もはや遺伝子は神秘的なものではなくなりました。ゲノム分析により病気の原因やメカニズムが解明されると、医療は病気を治すのではなく事前に予防する医療に変わっていき、ＤＮＡの遺伝情報を容易に操作できるようになるかもしれません。期待される分野としては農作物や家畜が代表的であり、腐りにくいトマト、養殖しやすいおとなしいマグロ、伝染病に強い豚などの食品の研究がありますす。これは狙った遺伝子だけをピンポイントで換えるために安全性が高いと考えられています。他にも感染症などの対策として、筋ジストロフィーの治療法開発、エイズウイルス感染者の治療法開発といった医療分野で遺伝子の異常の修復にはゲノム編集が効果的とされています。しかし、ゲノム編集の行く末は、親の好みで赤ちゃんが生まれてくるように遺伝子を操作する（デザイナーベイビー）ことも生じるかもしれません。これには人権や多様性を受け入れる社会を否定し、遺伝子上の弱者を排除したり差別したりすることにならないかという危惧もあります。動植物のゲノム編集は自然環境や生態系への影響も危惧されます。人間の知的探求心には歯止めが困難であり、どこまでも突き進むかもしれません。

しかし、どんなに遺伝子操作ができても、それでも私たちは物質に生命を与えたりすることはできません。生物をつくるのに必要な要素と設計図が分かり要素を組み立てても、生命は生まれてきません。生物を構成する要素と生命は別のものです。生物は一度命を絶たれたら二度と生命を得ることはできません。個体としての今ここでの命の巡り合わせは宇宙何億年においても二度とない有限のものです。命は有限であるから尊いのであり、無駄に殺生してはならない理由はこの命の有限性にあるのです。

牛や豚なら体の部分を牛肉、豚肉として切り売りします。しかし、私たちは人の身体の一部は単なる物ではないと考えます。人間の身体も切り離された肉の塊が単なる物だというなら自由に使ってよいでしょう。しかし、人体の一部は元々人なのだから人としての尊厳が残っており、みだりに扱うと尊厳性が損なわれると考えます。では、人体はどこからが物になるのでしょうか。日本の法律で売買が禁止されているのは心臓や肝臓、腎臓などの臓器、目の角膜、血液です。人体組織の皮膚や骨、命のもとになる精子、卵子、受精卵は売買が禁止されていません。心臓自体の売買は禁止ですが、心臓の中の弁は売買しても法的には罰せられません。度合いに応じて制限をかけて身体の一部を使うことになります。

このような再生医療の進歩にはすさまじいものがあります。しかし、iPS細胞（人工多能性幹細胞）やES細胞（胚性幹細胞）を使った最先端医療には「どこまでその技術を施すことが許されるのか」といった問題が付いて回ります。ゲノム編集は人類にとって極めて有望な技術であるからこそ、これをどう受け入れるかといった倫理観が強く問われます。一度操作した遺伝子は次世代へ伝わり、元には戻せないことになるので慎重にならなければなりません。ゲノム編集にはまだ十分な安全性が確認されておらず、その前途には技術的、倫理的に克服すべき課題が多々あります。もはや神の領域を脱し、人間がどれほど遺伝子に関与するかが問われています。

《参考》
・日経サイエンス編集部『ｉＰＳ細胞とは何か、何ができるのか』日経サイエンス社、２０１２
・勝島次郎「基準になる物差し必要だ」産経新聞、２０１５年3月2日
・「凍結卵子　健康な女性出産」読売新聞、２０１６年2月2日夕刊
・「卵子、精子保存に補助金」産経新聞、２０１６年2月10日夕刊

2　ＤＮＡの意志

Ｑ：ＤＮＡの戦略とはどのようなことでしょうか。
Ｑ：利他遺伝子とはどのような働きがあるのでしょうか。

（1）DNAの意志

生物は生と死の双方へ向かうベクトルを同時に合わせ持っています。若いうちは生へのエネルギーが強いが、歳をとると生のエネルギーが弱まり死へのベクトルが強まります。しかし、最期まで生へのエネルギーがなくなることはありません。今まさに枯れ果てようとしている中にも生きようとするエネルギーがあります。生命は次世代に生を託して自らの生を終えるのですが、通常の生命体は単体では次世代へＤＮＡをつなげません。それぞれが補い合って総体として生命をつないでいくのです。

村上和雄は、ＤＮＡは生命の設計図であり、生命が生き残っていくのはＤＮＡの戦略であるとしました。しかし、生命はＤＮＡに支配されるばかりではなく環境によって設計図の書き換えが可能だとも言われます。生命を支配するのは脳ではありません。脳は情報の受信装置のようなものであり、それを活用していく製作者は心であり意識です。意識が脳を機能させ、さまざまな行為を可能にしているのです。精神活動は各細胞内のＤＮＡが互いに調和し、脳内細胞同士の作用として生じるのです。このため怒りや憎しみなどの感情を持つと悪い遺伝子を活発にし、癌や心臓病の原因になります。一方、喜びや愛、他人の成功を喜ぶといった感情を持つと良い遺伝子が活発になり、身体は病気にかかりにくくなると言われています。まさに「健全なる精神は健全なる身体に宿る」です。健康な細胞内には健康なＤＮＡの活動があり、健康な思惟が期待でき、逆にストレスなどの負荷があると遺伝子の活動が阻害され、細胞の衰えとともに死を意識するようになります。このようにＤＮＡに支配されるばかりではなく、意識によりＤＮＡに書き込まれた設計図のスイッチのオンとオフを切り替えることができるのです。

Ｍ・ディリー＆Ｍ・ウィルソンは、『人が人を殺すとき』で、生物の動機づけのメカニズムは個体の生命を捨てても遺伝的継続性を維持するようなデザインに進化してきているとし、血のつながらない子どもの養育に骨身を削らないように進化してきたことは大切なエネルギーを非血縁者のために使うなと本性が命じるのであろうかとしました。生命の継続だけをみるとそのような面もあるかもしれません。長生きや生命の継続だけが目的なら、生命にとって最大の発見は長寿遺伝子であり、その培養であると考えられます。

しかし、生命にはもう一つ目的があります。それは生きる長さではなく、生きていることの質を高めることです。そのことを可能にしたのが利他の遺伝子です。利己的な遺伝子は自己だけの存続を図ります。しかし、利他遺伝子は他の生命のために命を堵して生きることができます。この利他遺伝子こそが全体として生命を生きながらえさせているのではないでしょうか。

（2）種を超えたつながり

ＮＨＫスペシャル「生命大躍進」によると、植物のＤＮＡが動物のＤＮＡと結合して動物に明暗を感じる目ができたという。植物の作った遺伝子が種の壁を超えて動物に移動したというのです。特異なことのように思えますが、動物や植物とは人間が分類したものであり、生命の側からすれば分断されるものではなく、通底した生命の次元では連なっていることを示しているといえるでしょう。植物そっくりに擬態する昆虫などを見ても、ＤＮＡでは何らかのつながりがあるのではないかと思わされます。

２００８年、スイスは「植物に関する生命の尊厳」という報告書を提出し、植物の権利を認めました。ステファノ・マンクーゾ、アレッサンドラ・ヴィオラ『植物は〈知性〉をもっている』によると、植物は五感を持っており、知性が備わっていてコミュニケーションをとり、社会生活を営むという。トマトは虫に襲われると化学物質を放出して周囲の仲間に危険を知らせる。マメ科の植物は細菌と共生し必要な栄養分を交換しあう。動けないからこそ植物は植物独自の「社会」を築き、ここまで地球上に繁栄してきたというのです。

このようにどの生物（生命）も他の存在なしでは生きていけません。自分だけで生きている生物は何一つありません。人間も動物も虫も草も木も、命の源において皆つながっているのです。

最近では、犬が飼い主を見つめ、飼い主が応じて撫でたりすると、お互いの体内に安心を感じるホルモン「オキシトシン」が増加することが麻布大学の研究で分かりました。人間の赤ちゃんと母親が絆を強める仕組みと同じです。マウスの母子もオキシトシンで絆を強めることが知られますが、人と犬という異なる種間で確認されたのは初めてとのことです。この他、クマに襲われた人間を飼い犬が吠えて飛びかかり追い払ったり、犬に襲われた坊やを飼い猫が体当りして追い払ったりしたこともありました。種を超えてのつながりが徐々に解明されてきています。犬や猫が人間を助けようとするＤＮＡは種を超えた愛そのものです。

愛とは利他であり、利他の遺伝子は生命の深層でつながっていると考えられます。前述のようにユングは「集合的無意識」を想定し、人間が民族を超えることはもとより、動物や植物とも深層ではつながっているとしました。きっと飼い犬も飼い猫も十分に愛されて育てられていたのでしょう。愛されることで愛せる。愛することで愛される。愛は究極の利他であり、愛が生命をより強固なものにしていくのではないでしょうか。

このように利他遺伝子が他の細胞に対して働くと快適な関係を導きます。フランス・ドゥ・ヴァールは、生物には社会的指向性が備わっており、これが動物のみならず人間の社会を快適に過ごす必然性として原始的なモラルや道徳性が形成されていくとしました。

動物の行動に道徳性の萌芽を見ることがありますが、その根本には利他遺伝子があり、人を愛することもペットを愛することも花を愛でることも、すべてがＤＮＡの基底ではつながっているように思えます。私たちは個体として生きているのではなく、「生命」のつながりの中で生かされているのです。

個体の有限性を克服するために細胞からはＤＮＡ継続のさまざまな戦略が発せられていきます。一つのＤＮＡには限界がありますが、ＤＮＡは形を変えながら次世代へ受け継がれていきます。生殖も食事も睡眠も、あらゆることで優れたものを求めることは遺伝子の継続という使命のために戦略化されてきたのです。いわゆる「善」とはこの流れに寄与することであり、疎外することが「悪」になります。人間の価値観の源泉は遺伝子継続といった策略上の判定ではないでしょうか。正義や愛といった価値も遺伝子の戦略であり、人間は生物性を超えてより高い精神性を持つことによって生き延びようとしており、善悪といった倫理は生命存続の責任から創造されたものではないでしょうか。

各人の遺伝子はそれぞれ異なって作られており、知的能力、芸術的能力、運動能力など実に多様であり、決して平等ではありません。遺伝子の多様性は、どのような環境変化にも対応して生き残れるようにそれぞれ異なった情報として書き込まれているのであり、それは人間が存在する上での必須条件なのです。人間だけではなく、あらゆる生物も固有の遺伝子が与えられており、多様であるからこそ、どのような環境変化にも適応して生存していけるのです。この世に生を受けているということは、その種の生存のためには他に代えがたい固有の使命を持っているということです。無駄な命などありません。

《参考》
・ステファノ・マンクーゾ、アレッサンドラ・ヴィオラ著、久保耕司訳『植物は〈知性〉をもっている』ＮＨＫ出版、２０１５
・フランス・ドゥ・ヴァール著、柴田裕之訳『道徳性の起源』紀伊国屋書店、２０１４
・マーチン・ディリー、マーゴ・ウイルソン著、長谷川真理子、長谷川寿一訳『人が人を殺すとき進化でその謎をとく』新思索社、１９９９
・村上和雄「脳は生涯にわたり発達し続ける」産経新聞、２０１４年9月26日
・「犬と飼い主　見つめて絆」産経新聞、２０１５年4月17日
・ＮＨＫスペシャル　生命大躍進　第１集「そして〝目〟が生まれた」２０１５年5月10日放送

【死は怖くない④】

〝one in all, all in one〞（個は全体の中にあり、全体は個の中にある）

「私」は「公」の中にあり、「公」は「私」の中にある。私は他者の中にいて、他者は私の中にいる。私の中にも親父がいて、コンビニの店員さんがいて、他者の生き方があり、他者の生き方の中にも私がいる。私の悲しみは他者の悲しみになり、他者の喜びが私の喜びにもなる。

自他の相互の内包により個我が解け、超越されていきます。自他が何か大いなるものと一体化していくとき、それは死も冒《おか》しえないものになる。

第二節　宇宙と生命

1　宇宙と生命

Q：生命はどのように生まれ、どうなっていくのでしょうか。

Q：宇宙を知ることであなたの何が変わると思いますか。

（1）宇宙物質

G・ガモフの「宇宙爆発説」では、時間を遡っていけば宇宙のあらゆるものが収縮していき、ついにはすべてが一点に凝縮し、この一点があるとき何かの原因で爆発し始め（宇宙の始まり＝ビッグバン）、現在のような宇宙に進化したとされます。ビッグバン以前は時空も存在せず、すべてが無から始まったというのです。

１３８億年前にインフレーションが起こり、宇宙が生まれました。宇宙は何もない「無」から生まれたのです。量子力学では何もない空間でも物質が生まれたり消えたりすると考えます。「無」の世界の中にも微細なミニ宇宙が存在していたとされ、その無数に存在していたミニ宇宙の一つが突然に何かのきっかけでインフレーションを起こしたのです。インフレーションで放出されたエネルギーによって宇宙を満たしていた真空エネルギーが膨大な熱エネルギーに変化して大爆発を起こしました。この時に光や物質が誕生したと言われます。これがビッグバンです。「無」はすべての時間や空間や生命の源です。生命をずっと遡れば、あらゆる生命の原点はこのビッグバンに行き着きます。

宇宙を構成する物質・エネルギーのうち、光や電磁波で観測できる普通の物質は５％、大きな重力を持つ正体不明の暗黒物質が宇宙の27％、残りの68％は暗黒物質以上に得体の知れない暗黒エネルギーだと言われています。暗黒物質がなければ宇宙はのっぺりとした空間になり、星も生命も生まれなかったし人間も生まれていなかったとのことです。しかし、宇宙や生命についてはまだほとんど分かっていません。最近になり米国の研究グループが重力波を初めて観測しました。質量を持つ物体は「時空のゆがみ」を生み、物体が運動すると、このゆがみがさざ波のように全宇宙に伝わる。この重力波によって光や電磁波が届かないブラックホールの構造や誕生直後の宇宙の姿が観測される可能性があるというのです。重力波天文学では、これまで目で見えなかった宇宙を〝聴く〟ことができるようになると言われます。

このように人間は次々と宇宙の謎の解明へ挑戦し続けています。それは単に宇宙にロマンスを感じるからではなく、星の誕生、命の誕生を知ることで自分の命はどこから来たのかといった根源的な問いへの知的探究心からです。

ローレンス・クラウスは『宇宙が始まる前には何があったのか？』で次のように述べています。

・反物質の粒子は、物質粒子と打ち消しあい、わずかに過剰だった物質粒子が今日まで残り、目に見える宇宙を作り上げた。物質と反物質のごくわずかな非対称性が打ち立てられたという出来事が宇宙創造の瞬間である。（２２５頁）

・炭素、窒素、酸素、鉄などの元素は星の中心部にある高温の炉でしか作れない。これらの元素が我々の体内に存在するのは、銀河系の歴史の中ではこれまで2億個ほどの星が爆発したと考えられており、多くの星が爆発し、その炉で作った元素を宇宙にばらまき、やがてそれらの元素が太陽系の中の地球にも集まってきた。（54頁）

・宇宙の膨張は加速度的に進み、可視光線は波長が伸びて赤外線やマイクロ波や電磁波になり、いずれその波長は宇宙のサイズより長くなり、２兆年後にはすべての天体が姿を消すことになる。（１０４頁）

宇宙は限りなく膨張を続けるとも、再び収縮へ向かうとも言われていますが、まだどうなるのか解明されていません。２兆年後も膨張を続けているとは長いと思われますが、宇宙スケールの時間では決して永遠といえる長さではないのかもしれません。

生命の起源も科学の進歩とともに解明されてきました。１３８億年前に宇宙が誕生し、約46億年前に太陽系が生まれ、地球に生命が誕生したのは、その約6億年後と言われます。地球の誕生とともに降り注いできた宇宙塵の中の原始的な有機物が6億年かけて生命を獲得するに至ったのです。生命の起源については、宇宙空間から飛んできたアミノ酸にあるという説や太古の地球に隕石が衝突したことにより生成した塩基が地球上の遺伝物質になった可能性があるという説があります。現在、地球上には2千万～3千万種の生物が生息していますが、すべて宇宙の物質と同じ成分から構成されています。人体には鉄分などの重い元素が含まれていますが、このような重い元素は地球では生成できません。地球よりはるかに質量の大きい中心温度の高い星の核融合反応でしか生成できないのです。このような星は寿命が短く、最後は自らの核融合反応による爆発で終えます。人体に含まれる重い元素は、もともとそのような星の爆発で宇宙空間に撒き散らされた元素です。生命が宇宙の産物であることは間違いありません。生命は宇宙と結びついており、人間も「宇宙の子」なのです。

地球と人間がつながっていることは、妊婦の体内の羊水には海と同じ成分があることからも分かります。しかし、この宇宙と部分との関係は人間のみならず他の動植物についても同様です。いずれ宇宙や生命について「いかにして」生まれたのかは科学的に説明できるかもしれません。しかし、「なぜ」存在するのかという意図や意味については説明できません。宇宙創造には知的設計者が関与しているとして、そこに主観的に創造主を想定すれば宗教になり、客観的に存在法則を重視すれば科学的な宇宙原理になります。宇宙に意思を感じて宇宙意志と呼ぶ人もいます。仮に創造主がいたとしたら、では、その創造主を作ったのは誰か、その誰かを作ったのは何のためなのでしょうか。この問いは親亀の背中に小亀、孫亀が限りなく乗っていくように際限がなくなっていきます。宇宙に創造主としての神がいるとか、人間が生きることには目的や意味があるとか、いかなる解釈もすべて人間が創造してきたのではないでしょうか。神が人間を創造したのではなく、人間が何か大きなもの、永遠なるものを想定し、それに人間を投影して神を想像したのではないでしょうか。

(2) 他との関係性

自分の存在を科学的に理解できても、自分が生きることや死ぬことの意味については他との関係性の中で有用感を感じなければ得られません。他との関係性とは、周囲の人たちとの関係であり、広くは社会や自然、宇宙とのかかわりです。私たちは両親のもとに生まれて、これまで多くの人たちの世話になり、生かされて生きているのです。このことに感謝を覚えるとき、何かをして返すことが喜びになり、意味があると思えるようになるのではないでしょうか。生かされていることに対して自分を活かすことで返すとは、言い換えれば自分の体内に組み込まれたＤＮＡの情報を最大限に活かすことが生物としての使命だということです。生命は、他との関係の中でそれぞれの役割を分担することによって生きながらえていくのであり、どれもなくてはならない存在です。存在を支えるには相互を肯定的に受け入れ活かせる関係が必要です。肯定的な関係性こそが生命を意味ある存在にしていくのです。

今生きていることは命の勝者ですが、今日のこの時は死へ一歩近づいているのです。人は死を自覚することで率直に他との関係性を振り返ることができます。人生ではどんなに物を所有しても、それは宇宙の前では無に等しいことです。むしろ人間として存在し合うことの刹那と喜びを分かち合い、支え、信頼し、頼るといった生き方そのものが良き生と良き死につながるのではないでしょうか。

《参考》
・ローレンス・クラウス著、青木薫訳『宇宙が始まる前には何があったのか？』文藝春秋、２０１３

2　地球の最期

Q：現代の宇宙観にはどのようなものがあるでしょうか。
Q：宇宙は無限でしょうか、それとも有限なのでしょうか。

⑴　いくつもの宇宙

佐藤勝彦は関西テレビ「宇宙でいちばん頭の良いワイドショー」（２００８年12月29日放送）で、宇宙は〝Uni-verse〟ではなく、〝Multi-verse〟であり、「母宇宙」なるものの中に「子宇宙」や「孫宇宙」が包括されていると説明しました。宇宙は一つではなく、幾重にも複層しており、我々の認識している宇宙はそのうちの一つの宇宙であるというのです。なお、宇宙と並行する別の宇宙があるという考えには、この他に「平行宇宙」「多元宇宙論」「メガバース」などがあります。

１９７７年9月に米国の探査機「ボイジャー1号」が打ち上げられ、35年後の２０１２年8月25日ごろ太陽系の外の空間に飛び出しました。これには知的生命体との遭遇に備え、世界55カ国の挨拶やバッハの曲、太陽系の位置などさまざまなメッセージを記録した銅製のレコードが搭載されています。しかし、太陽系以外の最初の恒星にたどり着くだけでも何万年もかかります。仮に他の星の知的生命体へメッセージが通じて交流できるようになっても、その頃の地球はどのような星になっているでしょうか。

(2) 地球の最期

宇宙には銀河が数千億以上あるとされ、銀河同士が頻繁に衝突や合体を繰り返しており、地球のある天の川銀河は隣のアンドロメダ銀河と数十億年後に合体する可能性があると言われています。地球の最期についてはいろいろな説があり、巨大隕石が地球に衝突して地球が砕け散ることもあるかもしれません。また、太陽の寿命は百億年程度だと言われており、現在の太陽系は46億歳であることが分かっています。だからあと50億年あまりで死ぬということになります。そうでなくても太陽は膨張を続けているため、数十億年後に地球は太陽に飲み込まれてしまうとする説もあります。

天才宇宙学者スティーブン・ホーキング博士は、地球のように文明の発達した天体は自然の循環が狂って宇宙時間でいえば瞬間的、およそ百年間でその生命は消滅すると予言しています。また、人工知能をしのぐ人類の大敵はエイリアンだとして、地球外生命体を確認できたとしても安易に関わりを持つべきではないと述べ、エイリアンが人類を滅ぼす可能性を強く示唆しています。最近になり米航空宇宙局（ＮＡＳＡ）が火星表面に塩水の川が流れている有力な証拠を見つけたと発表しており、地球外生命体が生息する可能性が高まったかもしれません。宇宙には文明を持つ星だけで百万はあると予測する人もいて、大宇宙からみれば太陽系の地球に棲む人間など微粒にすぎなくはないでしょうか。

私たちはネアンデルタール人ではありません。ネアンデルタール人は絶滅し、クロマニヨン人が現代を生きています。しかし、数万年後にはまた新たな人類が生存しているかもしれません。そのことすら宇宙時間からみればほんの一瞬の出来事かもしれません。仮に地球が無くなるのがあと50億年後だとしたら、地球に生物が棲めるのはあと数百年～数十億年になるのか分かりません。いずれにせよ地球が終焉を迎えることは間違いなさそうです。宇宙の時間からみれば人類など一瞬の間に存在するにすぎません。人類が存在しなくなってからの宇宙時間の方がはるかに永いでしょう。

このように宇宙の行方について考えることが私たちの人生にどのように役立つのでしょうか。宇宙の終わりを考えることで厭世的になりはしないでしょうか。いずれ宇宙が消滅するのに、どんなに頑張っても無駄ではないかと思うことはないでしょうか。人間は地球を脱出し、宇宙のどこかで生き延びることができるとSFめいた発想を楽しむ人もいるかもしれません。将来、火星への有人飛行が実現するかもしれません。木星や土星までも人間が行くかもしれません。しかし、だからといってその先の距離を人間が克服していくことが想像できるでしょうか。無人ロケットなら可能性があるかもしれませんが、個体としての人間の寿命には限界があり、人間は広大な宇宙の中では狭い空間に閉じ込められた有限の存在なのです。

人類の出現以来2百万年であり、文明化された歴史時代は5千年から1万年です。なかでも人間が科学をたずさえて自然に本格的に向き合うようになったのはわずか2、3百年であり、自然認識、宇宙意識が本当に深まったのはせいぜい百年です。今後50億年の地球の寿命の中で人類がなし得ることが多々あるでしょう。しかし、際限なく生きることが素晴らしいのではありません。有限だからこそ輝くのです。

50数億年後に太陽が死滅するとき、地球を含めた太陽系物質は宇宙空間に飛び散ることになります。宇宙の塵として宇宙空間に漂って、やがて集まって新しい星の材料となり、再び輝き出すことになるでしょう。そのなかには私たちの肉体を構成した物質も含まれているから、新星に生まれ変わり宇宙のどこかで再び光り輝くことになるかもしれません。

このすべてが宇宙の営みです。この宇宙の営みの中で、あらゆる生命体は与えられた生命を生き切ろうとし、人間は自らに組み込まれた遺伝子の下で豊かな知性や感性をもった存在になろうとするのです。

《参考》
・スティーヴン・ウェッブ著、松浦俊輔訳『宇宙物理学者がどうしても解きたい12の謎』青土社、2013
・勤労者通信大学編『哲学教室』学習の友社、1974、99頁

3　物質の生死

Q：物質の根源とは何でしょうか。
Q：真空の中には何があるのでしょうか。

(1)　根　源

人も動物も植物も鉱物も地球上のあらゆる物質は、すべて分子により構成されています。分子は、それをさらに分解していくと原子になり、原子は中心の原子核とそのまわりを回るいくつかの電子からなります。原子核をさらに分解していくと、陽子と中性子になります。陽子と中性子はそれぞれクォークという最小基本粒子で構成されています。そして、このクォークの実体は波動エネルギーだとされています。

量子論が提唱されてから素粒子は見える粒子（物質）であると同時に見えない波動でもあるということが証明されました。つまり、万物の根源は波動エネルギーなのです。あらゆる物質の根源は同じものであり、波動エネルギーには形がありません。形がないことは、つまり無（空）から生じたということになるのです。逆に、波動エネルギーは次第に密度を濃くし、量子化し、物質へと変化していきます。どのような物質になるかは波動に刻み込まれた固有の情報によって決まるとされます。どの物質も固有の振動を発しながら躍動しています。すなわち生きているのです。これが現代物理学の追求してきた物質の究極の姿です。

(2) エネルギー

野菜や米などは見える物質エネルギーですが、それを食べて吸収すると肉体になり、やがて見えない生命エネルギーになり、さらには精神エネルギーになり活力が出てきます。食は血となり肉となり、生命となる。物質エネルギーが生命エネルギーに転換するのです。そこには「エネルギー移動の法則」が働いています。エネルギーは、元は同じでも次々と姿を変えて移動していきます。しかし、このエネルギーはどのように姿を変えても全体量は一定で変わりません。これが「エネルギー不変の法則」です。地面に落ちたボールはやがて静止します。ボールの運動エネルギーは消えて無くなったようにみえますが、このエネルギーは空気の摩擦で熱に変化したり音に変換されたりしただけです。エネルギーの総量は変化しないが、質が変化し、エネルギーが散逸したのです。

Ａ・アインシュタインは、相対性理論で物質の質量はエネルギーの潜在的な形態であるとしています。岸根は、エネルギーは高レベルに集結すると量子化（質量化＝物質化）し、形あるものになるが、集結していたエネルギーが時間がたつにつれて低レベルになり拡散して無秩序化し、形を崩していくと説明します。これが「エントロピー増大の法則」です。宇宙エネルギーそのものは過去から未来に向けて流れており、その途中でエネルギーが量子化されることがあるのです。物質はエネルギーが凝縮したものであり、エネルギーの一過程にすぎないのです。エネルギーが量子化されたときには人間としての姿になり、そのうち死を迎えれば再びエネルギーに還元されます。生命とは質量化されていない目にみえない波動エネルギーであり、それが質量化して生体エネルギーに転換することが生まれるということです。宇宙に輝く星も爆発して塵となり、やがて再び集結して新星となります。万物が生と死を繰り返しているのです。人間も日々このようなエネルギー循環の中で生きており、死とはエネルギーの循環に還ることなのです。

（3）生死の科学

宇宙はビッグバンにより始まり、それ以前は無であり、宇宙は無から生じたのですが、無には無限のエネルギーが隠されているのです。アインシュタインは無の中に隠れているエネルギーを「真空のエネルギー」と呼びました。ディラックは、「真空は空っぽではない。マイナスの重さを持つ電子がぎっしりつまっている状態である」という。その真空（無）をガンマ線で刺激すると隠れている電子が飛び出します。飛び出した跡には穴ができますが、その穴こそがプラスの電荷をもつ反電子（陽電子）です。真空には電子がつまっており、電子は波動であるから無の真空は波動エネルギーが充満していることになります。

素粒子には反粒子があり、反粒子からできた反原子があり、反原子からできた反物質があります。反物質自身は安定していますが、物質と接触すると消滅します。つまり、質量を持っている粒子と反粒子が一緒になると質量が完全に消え、１００％純粋エネルギーに変わってしまい、もとの真空（無）に還っていくのです。

岸根は、生命エネルギーが十分にあるときは肉体（物質）と霊魂（反物質）が生成され、それが一緒になって消滅する（死を迎える）と、純粋なエネルギーになると考えます。まさに「色即是空　空即是色」であり、これはディラックの二極対立の宇宙法則から見た

「見える世界と見えない世界の統合理論」「生と死の統合理論」に通じるように思えます。

岸根はまた、死という純粋なエネルギーの状態にあるほうが人間としては常態であり、それが量子化（物質化）してこの世に肉体をもった存在として生存している期間というのは悠久の宇宙の歴史のなかにあっては、まさに蜃気楼のように儚《はかな》い瞬間でしかないとしています。ここに岸根の科学者としての生死観をみることができます。

《参考》

・岸根卓郎『見えない世界を超えて』サンマーク出版、１９９６

4　東洋思想と宇宙論

Ｑ：宇宙の大きさはどうなるのでしょうか。

Ｑ：「カルパ」とは何のことでしょうか。

カプラは、現代物理学との関係が特に強いのは「道家思想」（タオイズム）であるといいます。道家思想とは理性的思考の限界を知り、直観を重視する思想であり、その中心にくるのが「道」（タオ）です。荘子は、最も広範な知識によっても「道」を知ることができるとは限らない、人間は論理によって賢くなるわけではないという。論理を超えた直観の重要性を述べているように思えます。また、老子は、すべてのものは絶えることのない自然の流れのなかで盛衰し、その自然の流れに従うことこそが「道」であると説きました。この「無為自然」の思想が道家思想の神髄です。

また、老子は「対立しているものが、実は同じものの別の側面である」と説きました。岸根も「対立する存在があるからこそ自分の存在がある」「宇宙の森羅万象は、そのことごとくが元は一つでありながら、二極に分かれて対立し、互いに補完し合いながら周期交代をしている」と考えます。つまり、宇宙のあらゆる現象は相互に関連し合っていて不可分であり、すべての現象は宇宙の本質をそれぞれ別の形で表現しているにすぎないということになります。このような宇宙観は、神も自然も人間もその根底において同体であるという「天人同一の思想」に通じます。それは、万物は多様に異なっているようでも、人間を含めて、その根源において何ら差異はないということであり、東洋古代の「万類共尊の思想」そのものでもあります。

現代宇宙論によっても確定した宇宙の未来像は分かっていません。「宇宙の膨張は永久に続くであろう」というモデルと「膨張はやがて速度を落とし収縮に転じるであろう」というモデルとがあります。後者によれば、宇宙はこの後何十億年と膨張を続けてから収縮に転じ、やがて宇宙の全質量が小さなボールになるまで凝縮するが、再びビッグバンによって膨張を開始し、その後も永久に膨張と収縮の過程を繰り返すとされます。まさに宇宙の「輪廻転生」です。

１５００年以上も前のヒンズー教の神話の中には、宇宙は膨張と収縮を周期的に繰り返し、その膨張の始点から収縮の終点までの時間幅を「カルパ」というと書かれています。また、カプラはヒンズー教の神シヴァ神の「コスミック・ダンス」について「ヒンズー教では生命は生成と消滅、死と復活の永久のリズムのなかの一部であり、シヴァの踊りはこの永劫の生死のリズムを象徴している」としています。古代ヒンズー教徒は永劫の生死のリズムを直観で理解していたのかもしれません。

浄土宗では無限の時間の流れを「無量寿」、無限の空間の広がりを「無量光」とし、「無量寿・無量光」は「無限の時空」、すなわち「宇宙」を意味し、それこそが「生命」そのものであり、それを具現化したものが「阿弥陀佛」と説いています。つまり「宇宙＝時空＝生命」ということです。宇宙は生命であり、生きているということになります。

「宇宙＝時空＝生命」であり、ビッグバンの時点から宇宙が始まったとすれば、生命もその時点から始まったことになります。宇宙が無限の時空であるかぎり、生命もまた無限の時空です。つまり、「生命は無限の彼方からやってきて、無限の彼方へと去っていく」ことになります。

5　科学と宇宙論

Q：「コスミック・ウェブ」とは何のことでしょうか。
Q：あなたは「何か偉大なるもの」が存在すると思いますか。

（1）宇宙の流れ

近年、梶田隆章氏により素粒子ニュートリノに質量（重さ）があることが観測され、従来の標準理論が覆されたことがありました。ニュートリノはもともと違う質量を持ち、波状に揺れる様子も異なる3種類（電子型、ミュー型、タウ型）が重なった混合物と考えられていました。混合割合が違うためミュー型やタウ型に見えるが、長距離を飛ぶ間に波の重なり具合が変化し、ミュー型からタウ型に変わったり、元に戻ったりを繰り返す「振動現象」があるとのことです。どうやら変化こそが常態であり、普遍なのかもしれません。常に変化を繰り返す振動現象に宇宙や生命といった万物の根源的な性質がありそうです。

宇宙には誕生当初、現在の宇宙を構成する物質と質量が同じで電気的な性質が逆の反粒子も同数存在したが、性質のわずかな違いにより反粒子は消滅したとされます。このことは小林誠、益川敏英の両氏よって解明されました。ニュートリノでも対称性の破れがあった可能性が高いとされ、今後、これを解明することで物質の起源や宇宙の成り立ちなど根源的な問いに新しい理論が構築され宇宙像が解明されていくことに期待が高まります。

(2) 宇宙観

現代物理学によって共通に認識されている宇宙観として次があります。

・物質は究極的には粒子からできている。その粒子は全く物質的要素をもたないエネルギーそのものであり、分かちがたく関連し合った宇宙エネルギーの織物の相互作用のなかで絶え間なく生成され、消滅され、躍動している。この宇宙の躍動こそが存在の本質であり、そのなかに私たち自身の肉体も心も分けることのできない部分として内包されている。

・自然の基本的な姿は、物質的な実在でもなければ、静的な姿でもない。すべては流れの過程のなかでの一時的かつ動的な姿にすぎない。

宇宙の基本的な姿は、客観的な物質によって構成された静的な集合体ではなく、すべての部分が相互に関連し合い依存し合った躍動するエネルギーの織物であるとしています。つまり、どこが中心だとか、根源はどこだといったような要素はなく、宇宙のすべては他の部分と関連し合うことによってのみ存在し、「すべてのなかにそれぞれがあり、それぞれのなかにすべてがある」「部分が全体であり、全体が部分である」ことになります。「大宇宙と小宇宙（人間の心）は根源において一体であり、自己調和している」ことを意味しており、この考えは大乗仏教の「無碍《むげ》」の思想と同じです。

ミクロの世界を探求する過程で人間の意識を問題にせざるを得なくなった西洋の科学は、古代の東洋の思想と急速に接近するようになってきました。また、科学はミクロの世界を追究していくと、やがて科学を超えた見解に到達せざるを得ないようになってきています。ここに科学と哲学・宗教が融合していく必要性が生じてきているのかもしれません。

次に現代物理学における宇宙についての説をいくつか簡単に紹介します。

◇部分と全体

全体は部分の総和以上のものであり、部分に全体が含まれている。万物は分割不可能な運動である。一見分離した事物と見えるものは、全体的運動の相対的に安定な側面の抽象である。運動が本質的な役割を果たす。最終的に運動に還元されないような存在は何もない。電子や陽子などのさまざまな事物は全体的運動からの抽象にすぎない。実在するのは全体的な運動だけである。（D・ボーム、1985）

◇織物

宇宙・自然は部分に分割できないダイナミックな出来事の織物（web）であり、宇宙が根源的に相互関係的、相互依存的である。物質の構成要素は、みんな互いに関連しあっている。しかも〝非局所的結合〟が注目され、宇宙には隠れた変数があり、あらゆる部分は、あらゆる部分と非局所的に結合しており、あらゆる出来事は、あらゆる出来事と非局所的に結合している。（ベルの定理）

◇宇宙意識

宇宙・自然が統合的・統一的な織物であり、その構成要素の一部（例えば人間）が意識を持っているならば、それはシステム全体にも意識があると考えられる。

◇人間原理

宇宙に人間が誕生したのは決して偶然ではない。宇宙が生まれ、さまざまな物理定数（例えば重力定数、プランク定数、光の速さ等）が決定された時点で生命が生まれる舞台はすでに作られていた。その生命が知性を獲得することも同様に決定されていた。偶然を排し必然的に私たちは存在している。（桜井邦朋、２００１）

◇場理論

素粒子とは空間に偏在する連絡的な〝場の凝縮〟に他ならない。「場理論」は、素粒子が虚空から自然発生的に出現し、また虚空へと消えることを認めている。

◇ホロムーブメント宇宙理論

宇宙・自然には、私たちが知っている世界の明在系（explicate order）があり、この他に織り込まれた秩序の暗在系（implicate order）が存在する。〝物質〟も〝心や意識〟も暗在系に共通基盤を持っており、明在系の中だけでは互いに相手から説明がつかず、相手に還元できない。物質と精神はその共通基盤の暗在系からの抽象化であり、だからこそ不可分の一体性を表している。

これらによると人間は、宇宙・自然の一部であり、同時に宇宙・自然のすべてを内包するものであるといえるでしょう。宇宙・自然の構成要素の一部（人間）に意識や意志が存在するならば、そのシステム全体にも意識と意志があるとして、これを「宇宙意識（cosmic consciousness）」「宇宙意志（universal mind）」と呼び、さらにこの創造主を「何か偉大なもの（something great）」とする人もいます。

「人間原理」では、人間は宇宙の創造主が宇宙創造の瞬間に現在にみられるあらゆる物理定数が決定し、１３８億年という歳月と膨大なエネルギーを使って造り上げてきたものであり、偶然に生まれてきたものではなく、計画的に必然的に生まれてきたものであるとします。しかし、地球も太陽もいつかは消滅し、宇宙も生と死を繰り返すのです。そのことも計画されているのでしょうか。大宇宙の中で人間を中心に考えることは妥当なことなのでしょうか。

最近の宇宙科学では、「火星にはかつて生命が存在できる環境が長く続いていた可能性が強まった」（朝日新聞、２０１5年3月11日）とか、「土星の衛星エンケドラスには原始的な生物ならば存在が可能かもしれない」（産経新聞、２０１5年3月12日）という発表がなされています。生命活動は地球上だけの出来事ではなく、知的生命体も人間だけではないかもしれません。広大な宇宙には太陽のような星が１０００億個ほど集まった銀河が約１０００億個あり、その星の一つが太陽であり、人間は太陽の周りを回る地球上にいるのです。世界最初の宇宙飛行士は、宇宙から地球を眺めて地球は青かったとも神は存在しなかったと語ったとも言われます。この広大な宇宙には他の惑星にも知的生命体がいる可能性もあり、むしろ人間を外から観るといかに小さな存在であるかを実感できるでしょう。「人間原理」の根底には人間が最も優れた生命体でありたいという強い願望がないでしょうか。

(3) 〝something great〟

村上和雄は、「遺伝子が読み取れるということは、書き込んだモノがいる」とし、「ＤＮＡは〝生命の暗号〟であり、明在系と暗在系を結ぶ何かであり、〝something great〟の意志の受信装置であると同時に発信装置である。ＤＮＡを中心とする生命科学は明在系と暗在系を結ぶ〝暗号〟の解読である」としました。

「何か偉大なもの」とのつながりを唱える人たちは多くいます。

・私たちは『何か偉大なるもの』につながる何かであって、そのものでもある。このことは他の動物や花や木も同じである。（C・G・ユング）

・人生には、人それぞれに〝目的〟と〝役割〟と〝意味〟があり、いかなる人生も〝something great〟が、そしてそれに繋がるその人自身の〝魂〟が計画し、目的を持ったものであり、無意味なものはありえない。私たちは過去生を生きたことがあり、〝魂〟は死後も存在を続け、中間生において次の人生を計画し、目的をもって生まれ変わるものと思われる。（ウォルト・ホイットマン）

・あなた方は皆、神の化身なのだ。私と同じように、人間の血肉をまとった神なのだ。ただ、私はそれを知っており、あなた方はそれに気づいていない。（S・サイババ）

サイババは「誰もが神の化身である」としました。神という言葉に抵抗感のある人は、神の部分に「無限なるもの、宇宙、自然の本質、生命力、摂理」などを入れてみると分かりやすいかもしれません。生命は創造されたのか、偶然の所産なのか、大きな問題ですが、ともかく私たちはその何か偉大なるものの下で生きており、私たちの中にそのものがあり、私たちはそのもの自身でもあり、肉体は滅んでも、そのものであることには変わりはないというのです。

《参考》
・青山圭秀『理性のゆらぎ』幻冬舎文庫、１９９７
・D・ボーム著、佐野正博訳『断片と全体』工作舎、１９８５
・桜井邦朋『宇宙には意志がある　最新科学がついに解明』徳間書店、２００１

6　心とは

Q：心はどのようにして生じるのでしょうか。
Q：心があるのは人間だけでしょうか。

⑴　波　動

最近、日本の理化学研究所が合成した原子番号１１３番の新元素が「ニホニウム」として国際的に認定されました。元素は万物の生成に深くかかわり合っており、一つひとつはすべて違った波動（固有振動）を持っています。人も動物も植物も鉱物もそれぞれ固有の波動を持ち、それによって固有の性質と役割を持っているのです。人間が環境によって生理的・精神的に影響を受けるのは、環境を構成する物質が発する波動から影響を受けるのです。それらの波動が人間の脳や臓器のもつ波動にどのように共鳴するかによって心身の調子が良くも悪くもなるのです。

このように、見える世界と見えない世界をつないでいるのが波動であり、地球上のすべての現象はミクロ的にもマクロ的にも波動を介して宇宙そのものと密接につながっており、切り離して考えることはできません。

(2) 心

人間は情報を脳で受けとめて脳で処理し、身体で行動します。脳による情報処理を大脳生理学では「統合」といいます。大脳皮質で営まれる統合の内容が「精神」ないしは「心」であり、その心の動く状況が「意識」とされています。この意識は物理的な現象としても捉えられます。物質波動は常に揺れており、極めて複雑な波動の重なり合いが電気反応を起こし、それが統合して意識なるものを生じさせていると考えるのです。脳科学からみれば意識を生み出すのは脳の中の特定の神経細胞なのではなく、感情や意識は脳内物質間の電気反応で生じるとされており、感覚、感情、行動、記憶といったさまざまな情報がクモの巣のようにまとまり、一つに統合されたときに複雑な電気の流れが生じて意識ができると言われています。意識の量は神経細胞の数とつながりの複雑さにより決まるそうです。

このため脳が死ぬと意識は消えることになります。しかし、行動はすべて脳内での意識下にあるのではなく、無意識によるものもあり、皮膚感覚という細胞で感じとる思いのようなものもあり、意識や心は脳内の物理的な面だけでは捉えることができないのではないでしょうか。

量子物理学では観測者の意識や観測の手順などによって物質（粒子）の位置や性質が決まると言われています。人間の心が物質に作用し、物質の姿や性質を変えてしまうというのです。素粒子は波動エネルギーであり、人間も一人ひとり違った精神波動を出しているため、観測している人の心の波動に素粒子の出す波動が同調し、それに対応した挙動を素粒子がとるのです。このため量子論では観測者のことを「関与者」と呼びます。関与者とは人間だけなのではありません。動植鉱物もそれぞれが出す波動が関与し合って存在様式を決定しているのです。カプラは、「原子物理学では観測者自身について語らずしては自然を語れない。（中略）原子的現象の観測に関して意識すなわち心の問題が生じてきた」と言い、E・ウィグナーも「意識に言及せずして完全な形で量子論の法則を公式化することは不可能である」と主張しています。さらに、H・スミスは「物質は心の結晶化、ないしは析出《せきしゅつ》化である」とも述べています。言い換えれば、「宇宙の万物は人間の心の化身であるということであり、人間の心と万物とが関与し合うということになります。

野沢重雄が開発した「ハイポニカ農法」は、植物の根を水槽につけ、水と空気を還流させて栽培する「水気耕農法」です。ここでは植物に波動刺激を与えると生命力がフルに発揮されると報告されました。植物の種の出す波動とプラントの出す波動と栽培者の出す波動が同調した場合に成功する。つまり、植物が人間の心を読み取っているというのです。「語りかけ」は意図的に応用されており、酒の醸造時にクラシック音楽を聴かせて味をよくすることもあります。また、イグ・ノーベル賞では「キスをすることでダニやスギ花粉に対する皮膚のアレルギー反応が低減する」とか「心臓移植手術をしたマウスにオペラを聴かせると長生きした」という研究が受賞していることがあります。オペラ音楽の波動もマウスの波動と関与し、治癒力を高め長寿を可能にしたと考えられます。波動には利他的な波動があり、それが自然治癒力を高めるのかもしれません。

さらに人間の持つ意識や心には時間や空間を超越できることがないでしょうか。私たちは3次元の空間に時間が加わった世界で生きています。すべてのものは時間軸に沿って一方向に変化しており、未来や過去を自由に行き来する操作はできません。しかし、人間は心という意識装置によって気持ちを新たにしたり、やり直したりすることができます。意識やイマジネーションでは過去の人と対話をしたり未来を予測したりすることもできます。心や意識を生み出す波動には何か過去や未来とつながる性質もあるのでしょうか。心にはまだまだ解明されていない世界もありそうです。

私たちは宇宙エネルギーの流れの中で生体を得て、生きて死んでいく。そしてまたいつかエネルギーを得て何がしかに物化するかもしれません。今は、無から次の無の間に人間として生きているにすぎません。

「中今を生きる」。これは神道の精神です。この考えでは、私たちは「過去―現在―未来」の中間点に生かされているのであり、過去や未来にとらわれるのではなく、今の瞬間を一生懸命に生きることが大切だというのです。中今を「一生懸命」に生きるとは、「一所懸命」に生きることではないでしょうか。「一所」とは与えられた「土地」を表すばかりではなく、生を与えられた「この世」という場のことでもあるとすれば、「一生」を懸命に生き切るということではないでしょうか。どんな自分であれ、自分に与えられた場で与えられた才能を発揮できれば、それは最高の喜びであるに違いありません。何も成功することが人生の目的ではありません。成功はできなくても、成長はできます。自分を活かそうと努力をすることが生命を与えられたものの使命なのです。雑草でさえも生かされた場で懸命に生きています。

【死は怖くない⑤】

愛する人と死に別れたら、しばらく命のはかなさに敏感になり、肩に付着したゴミだと思って払いのけようした羽虫や公園のベンチの下に小さく芽吹く雑草にも生への圧力を感じることがあるでしょう。人は草木虫魚とも命の次元でつながっているからです。霊魂、あの世などは仮説であり事実とは言えないかもしれません。しかし、受け入れている人が多くいることも確かです。人生で大切なことは客観的・科学的には未だ事実ではなくとも、その人にとっての真実の下で生きることです。いかなる命も過去から未来へとつながりがあることも確かであり、どんな命の、どんなにはかない命であろうが、与えられた命を「生き切る」という信念を持って生きておれば死は怖くはありません。

第三節　死は宇宙への帰還

1　万物は四つの要素

Q：世界はどのような構造になっているのでしょうか。
Q：あなたは物質以外の世界があると思いますか。

(1) 宇宙の構造

これまで科学は個人的な体験や超越的価値の正当性を受け入れることに難色を示してきました。実証的ではないからです。科学は理性を重視し、客観的で明示的物質的必然性を唱えます。しかし、人間の知とは科学的情報のみの集積なのではありません。人間の理性には限界がないでしょうか。「宇宙と共にある」という感覚などは深い洞察や想像力、直観であり、科学では説明不可能です。しかし、言葉にはできない多くのことを知る暗黙知があるのではないでしょうか。不可思議な事柄については科学的ではないにしろ、こう考えないとどうにも腑に落ちないということがないでしょうか。

宗教、とりわけ仏教では現実の世界には実体がなく、「色即是空」とされています。「色」

という物質に対して「空」という無の世界があるというのです。これについては現代物理学では物質に対して同量の「反物質」が発見されており、量子力学では「無」の存在も論じています。また、まだ科学で証明されていませんが、私たちは魂をはじめ何か生命にとって根幹的な目には見えない潜在的なつながりの世界の存在を直感で捉えています。

色と空についての科学的な説明としては、まず、宇宙にはそれを構成するありとあらゆるものは一つでありながら二極に分かれ、互いに対立しながら補充し合って存在するという「二極対立の宇宙法則」があるでしょう。1928年、P・ディラックが、反物質（ダークマター）を理論的に発見し、その後すべての素粒子には相反する対の粒子、つまり見える「実の粒子」に対し、見えない「虚の粒子」があることを明らかにしました。見える実の素粒子は見えない虚の素粒子がなかったら絶対に存在しません。見えない反物質宇宙があるからこそ、見える宇宙物質があるのです。物質と反物質はプラスとマイナスのように合体するとゼロ（無）になり消えてしまいます。物質があるかぎり、必ずその物質と同じ大きさの穴がどこかに存在しなければなりません。宇宙についても見える宇宙がある以上、それがすっぽり入る見えない宇宙が必ずあるということになります。

また、S・ホーキングも「宇宙は実の宇宙と虚の宇宙の対からなっている」としました。宇宙には、見えるこの世と見えないあの世があるというのです。自分を作っている素粒子に虚と実があるということは、見える自分がいる限り、見えない自分がいるということになります。見えない自分（虚の自分）がいなければ、見える自分（実の自分）は存在し得ないからです。人は鏡の向こうの自分と向き合うように虚の自分と向き合っており、実の自分と同じように虚の自分がいるということになります。

さらに、エマニュエル・ランスフォードは「物質」と「物質的でないもの」を合わせた「サイコ・マター」の存在を仮定しました。この「物質的でないもの」は偶然性をもち、創造的な存在であり、物質的な時空間の制限を受けることはなく、物理的な距離を認識しないので距離は何の意味もなく、超越的な存在であるとしました。エマニュエルは物質の本来の姿はサイコ・マターであるという仮説を立て、粒子は目に見えない「物質的ではないもの」を自身の中に持っているとし、人は死ぬが、その「スピリッツ（霊）」は生き続けると述べています。エマニュエルはこのサイコ・マターを「スピリッツ（霊）」としました。物質と非物質は生命自体において一体であるということは、仏教の説く「色心不二」に通じるのではないでしょうか。一般的に肉体などの物質と心の働きは別々のものとして捉えられるのですが、両者は生命の根源的な在り方としては一体であるというのです。

また、デビッド・ボームは、眼に見える宇宙（明在系）の背後には見えない宇宙（暗在系）が存在し、見えない宇宙（暗在系）の中に時間も空間も物質も精神もすべてのものがたたみこまれているとしています。あらゆるものは「暗在系＝あの世」から「意味の場」を通って「明在系＝この世」に出てくるというのです。

⑵ 仮　説

科学的にみた宇宙の大まかな構造は前述のとおりです。このため、ここではデビッド・ボームの明在系の世界を「実」として、さらに暗在系の世界には反物質や非物質、メタ物質の世界があるとして、それぞれ「虚」「無」「網」としました。世界は「色」と「空」の二元論ではなく、次の四項構造で構成されていると仮定していきます。（図1・2参照）

「実」：物質（「色」…見える物質の世界）
「虚」：反物質（見えない物質の世界）
「無」：非物質（「空」…見えない純粋エネルギーの世界）
「網」：メタ物質（web…見えないつながりの世界）

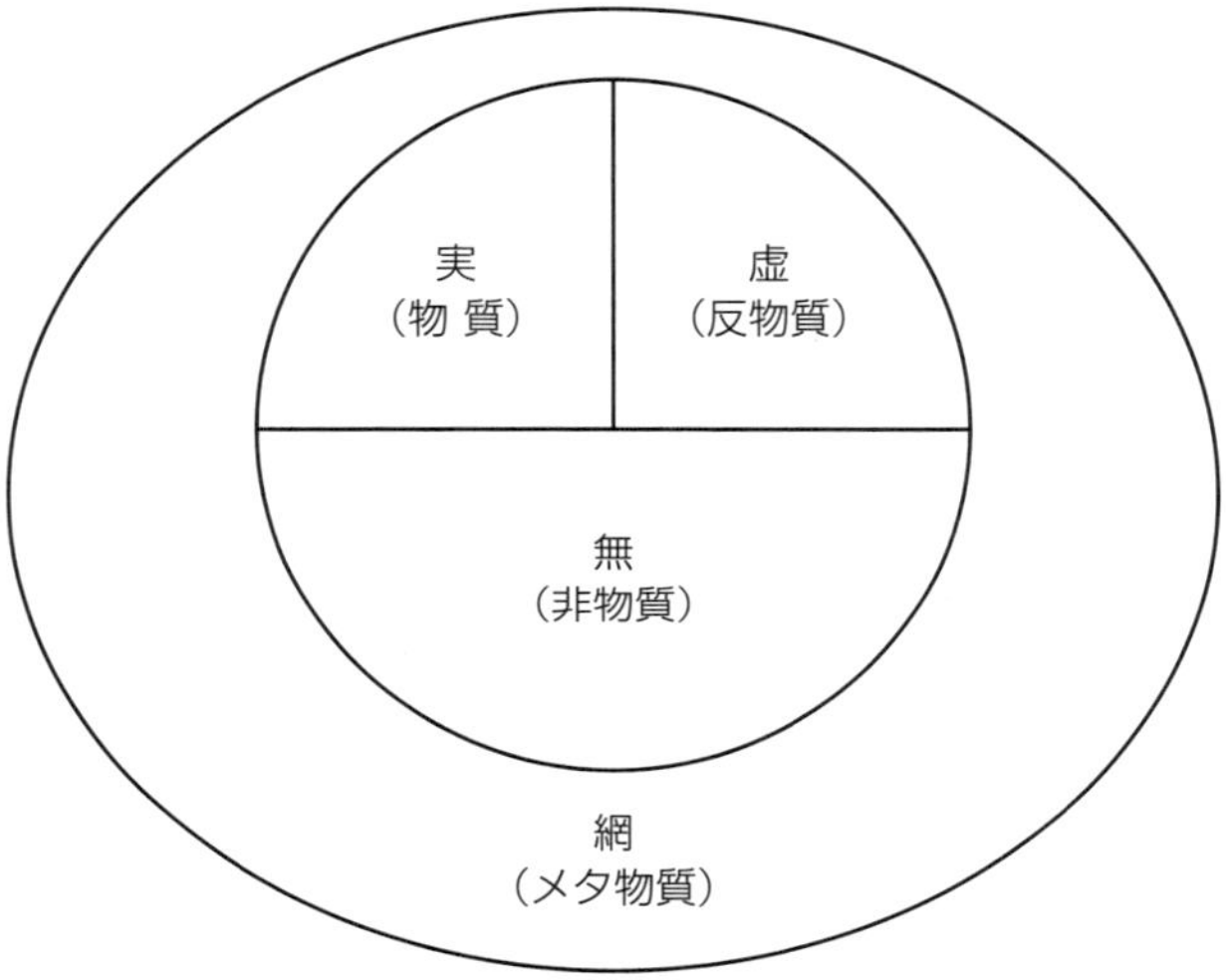

図１　四項構造の世界（1）

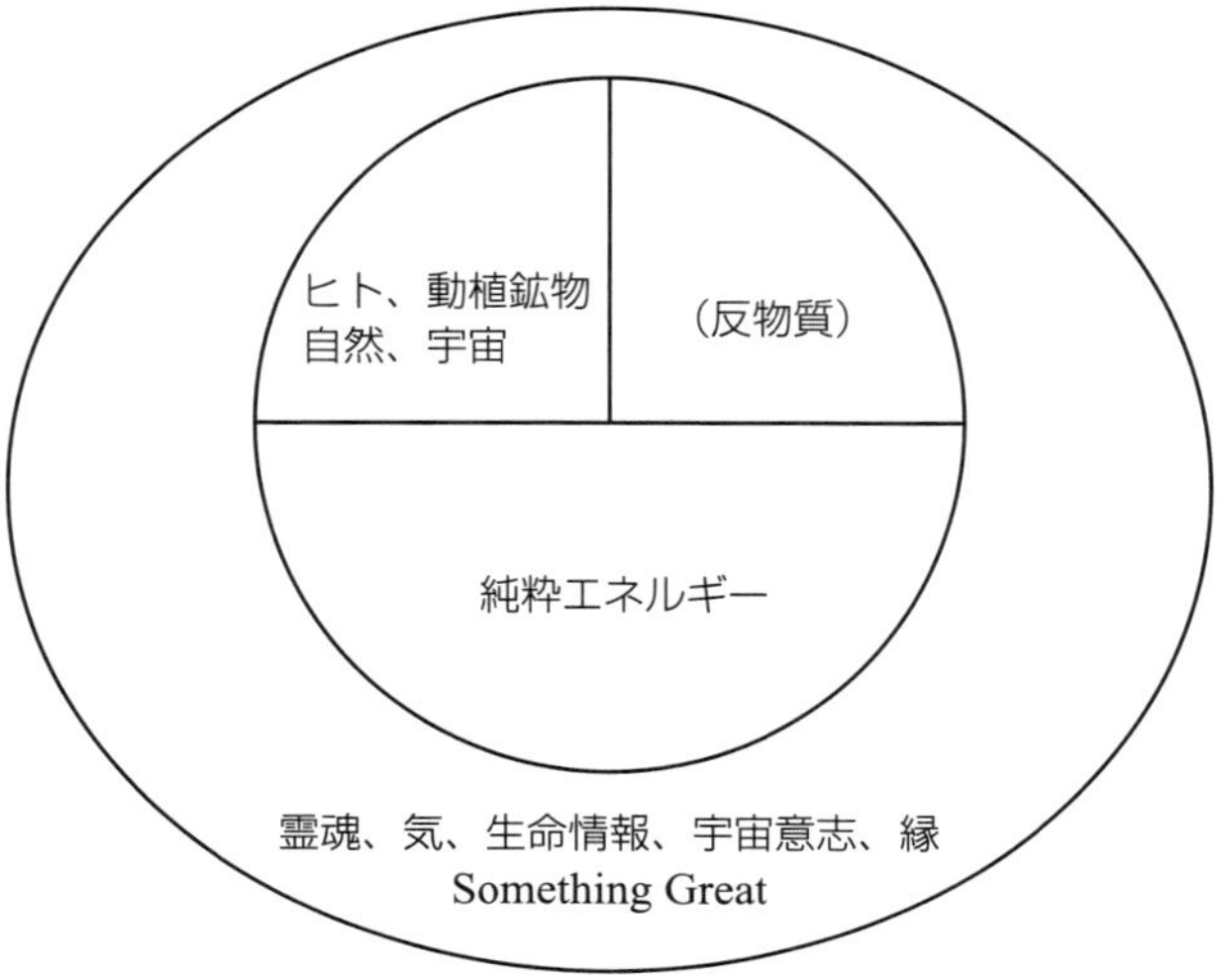

図２　四項構造の世界（2）

万物は切り離しがたく結びついている宇宙の織物のようなものです。相互に関連し合っていて独立自存のものは何一つありません。これは仏教の「諸法無我」の思想に通じます。このつながりを形成するものとして物質を超えたメタ物質（meta physical）の「網（web）」の世界を想定しました。メタ物質は物質を超えたつながりとして想定しているため科学的な検証はできなく、形而上学的な仮説になります。ここで仮説を立てる「網（web）」とは、宇宙情報の織物（cosmic-web）の世界であり、縦横無尽の万物生成の情報ネットワークとして物質存在の関係性を創る生命の本質だとします。この織物は全体がつながっているため、どこに触れても瞬時にすべてに関連して伝わるスピリチュアルなコミュニケーションの世界でもあります。また、このつながりの中では仮に一部が壊れても、ネットワーク全体で補い合えることができるのです。この世界のことを霊や魂、精神、心、気、縁、阿頼耶識、宇宙意志、生命情報、〝Something Great〟などとする人もいるでしょう。しかし、ここでは幽霊、背後霊といった偏ったイメージと結びつくことを避けるために総称として「網（web）」としました。「網（web）」に違和感のある人は別の用語を使われてもよいでしょう。

ユングは個人的意識の基底には集合的無意識が潜むとしましたが、逆に「網（web）」における集合的連帯関係の中から共時的に個人的意識が発生するということもできます。

元々つながって潜在化していたものがネットワーク上に共時的に一瞬のうちに湧き起こると解釈するのです。

ただし、これについては現代の科学では証明できていないため虚構だとする批判もあるかもしれません。しかし、これまでの科学的知見と諸々の宗教者や哲学者、神秘体験者などの見解を総合していくなかで、さまざまな人が納得でき、誰もが死後にも希望が持てるためには世界を四項構造として設定することが妥当であると考えます。

2 「網（web）」の世界

Q：物質を超えた「スピリッツ」はあるのでしょうか。

Q：死とは物質がどうなることなのでしょうか。

(1)「網（web）」の関係性

物質の出す波動は影響し合っており、互いに受発信しています。しかし、赤色の波動はある人を興奮させ、他の人には不浄感を抱かせます。また、遺体はある人には意味ある大切なものですが、他の人には不気味な不浄物であり、ハゲ鷹には食糧かもしれません。癌細胞を見て憎しみを抱く人もいれば、美を感じる人もあり、何がしかの真実を発見する人もいます。同じ人が同じ音楽を聴いても、その時の体調や気分により感じ方も変わります。つまり、同じ物に対しても波動の受信は関与者に依拠するため、それぞれに意味が異なってくるのです。

では、エマニュエルが、人は死ぬがスピリッツは生き続けると述べたことについてどう考えればよいのでしょうか。それには実の物質の世界と他の世界とがどのような関係にあるかが問題です。

万物は「網（web）」に内包されており、スピリッツの交信とはメタ物質の「網（web）」内で交信をとることです。これが細胞レベルで交信できるとすれば、脳がまだ十分に発達していない胎児でも可能であり、動植物とも交信が可能になります。なかには物質の声を聴くという人もいます。仏師は木の声を聴いて仏像を彫り、盆栽職人はまるで植物の意思を感じるかのように手を加えるといいます。逆にこの植物から発せられた波動とのかかわりが人間の魂を癒すセラピーにもなり得ます。盆栽には百年以上の時をかけるものもあり、仮に当初の作者は他界していても植物や作者の意思や精神はそこに残り、その波動を受け取るチャンネルを持つ人には鑑賞という形でかかわれます。「人が花を見る」とき、「花が人を見る」。人間は人を中心に考えますが、植物にしてみれば植物の波動が人間に向かっているのであり、主も客もありません。

ハイポニカ農法では作物の種子、施設設備、栽培者の各々に心という非物質が共鳴するということがありました。また、人間や犬の脳細胞を切り取って見ても心を見ることはできませんが、それでも犬や猫とも心が通う思いをすることがあります。心は物質ではなく「網（web）」のネットワークそのものであり、鉱物も植物も犬も、どんなものにもメタ物質のネットワークとしての「網（web）」でつながっているのです。

魂の存在を信じる人にとっては「網（web）」にはいわゆる霊と呼ばれるスピリッツが存在し、これが人体の誕生を待ち、人体が誕生すれば再び人間の精神としてのネットワークが開始されることになるのでしょう。これをさらにすすめれば、死者に対しても受発信できる「場」を持つ人がイタコなどの交霊・降霊役だと考えられます。臨死体験も「網（web）」の世界での交流といえます。イタコの交信や臨死体験が事実であるとする人たちにとっては、死んで自我が消滅してもスピリッツは存在することになります。科学的には自我という非物質は脳内物質と共に形成されるため肉体が消滅すれば自我も消滅します。しかし、ここでは自我の痕跡はスピリッツとして「網（web）」の世界で他との関係性の中に残ることになります。

スピリッツの意味はそれを読み取る人によって変わることはあっても「網（web）」の

世界そのものは普遍です。「網（web）」はその観測者（関与者）により異なる意味を持つネットワークを生み出します。私たちの世界はすべて自我が関与して創り出したものであり、正確には人それぞれに別の世界があることになります。関与者がいなくなれば波動は潜在化したままになりますが、波動が再生される可能性は存在しているのです。関与者が現れれば再び波動が生じるため、故人を偲ぶことも、数千年経た文献からも作者の魂に触れたりすることができるのです。

このようにあらゆる物質は「網（web）」の世界での関与者の情報が網状に絡み合って存在様式を決定づけているといえるでしょう。そして、このときの情報ネットワークの複雑な絡み合いがそれぞれの精神性の特色を創り出すことになると思われます。

(2)「無」に還る

人間は宇宙物質からできており、絶えず物質を体内に取り込み新陳代謝を繰り返しながら生きています。そして死後の肉体は他の物質へと変容していきます。しかし、死後の段階ではまだ他の物質として自然（宇宙）に留まることになります。ところが、この物質が反物質と統合するときに完全に「無」に還るのです。

「色即是空」の「空」とは「無」のことですが、物理学では「無」とは空っぽのことではなく、様々に物化する可能性をもつエネルギーが豊かに潜んでいる状態です。「無」は物質、反物質を生み出すあらゆるエネルギーの源です。つまり死とは全くの消滅ではなく、「物的変容」を遂げ、やがて無という純粋エネルギーへ「質的変換」を遂げることなのです。

量子論では粒子には波の性質があるとされ、物化について岸根は、物質は究極的には波動であり、波が幅の鋭い針状に縮み、粒子としての電子が姿を現すとしています。物化・無化はエントロピーの増減によるものであり、エントロピーの増減が波動エネルギーを操作し、生命を形成してきました。エントロピーの増減とは〝ゆらぎ〟であり、〝ゆらぎ〟が波長や波形を生んで波動となり、生命を形成すると考えられます。万物は揺らいでおり、宇宙では超新星爆発の衝撃波で宇宙空間に〝ゆらぎ〟が与えられることで新しい星の誕生が促されると言われます。〝ゆらぎ〟のリズムはまるで宇宙の呼吸であるかのようでもあり、〝ゆらぎ〟こそが生命を生み出したのかもしれません。

(3) スピリチュアル・ウィル

宇宙にあるすべての動植鉱物は大小にかかわらず、それぞれ固有の周波数と波動エネルギーを創り出しています。路傍の小石も、一本の草花にも、微生物にしても固有の波動を持ち、色、形にも同じ波動のものは何一つありません。すべてが共鳴し合う互助・共生関係にあり、受発信したこれら固有の波動に意味を持たせることで人間には感情や思考が形成されてきました。波動に意味を持たせるものが「網（web）」の世界の「スピリチュアル・ウィル」であり、これを通じて犬、猫、猿、イルカなど人間と意識の交流が可能な動物もいます。万物が宇宙とつながる存在であり、波動が共創関係にあるのなら、波長、波動を創生できるのは人間だけではなく、動物はもちろん、一匹の蝶や一滴の水にも可能なのです。前述のハイポニカ栽培のトマト栽培のプラントなどは人間と植鉱物との交流です。そのプラント設備は人間だけの意識を受けているのではなく、トマトとも交流しています。向日葵《ひまわり》が太陽の方向を向くことも日光の波動を受信して行動を起こしているのであり、植物としての意識の結果です。

クリーヴ・バクスター（Cleve Backster）は、嘘発見器（ポリグラフ）を使った実験でリュウゼツラン（竜舌蘭）が人間のように感知し、感情があることを発見しました。タマゴやヨーグルト、細菌、人体の細胞などに対しても様々な実験を行い、同様の現象が現れたことを記録し、植物は人間が考えていることさえ感じ取ることが分かったとしました。植物にも意識があるというのです。

（4）気

「神気とは神さまご先祖さまから授かった命の奥にあるもの。これが衰えると気枯れて病気になる。私たちの祖先は神居ます山や杜に入って大いなる神さまの気をいただき、枯れて弱った気を元の気に返した。これが元気。元は神さまの意が含まれている。己をふり返って絶えず懺悔し、生かされて生きていることに感謝と喜びに心をいだくと神気がよみがえり、元気になる」（平岡神社、東大阪市）

古来、命の奥にあるものを〝気〟としました。日本だけでなく古代の中国人も気は万物を構成する生命エネルギーであると考え、宇宙や地球、地球上の動植物、生命が宿らないものもすべてが気で作られていると考えました。そして目に見える世界を気の「質態」としてとらえ、目に見えない世界を気の「相態」としてとらえていました。「質態」とは「実の世界」のことであり、「相態」とは「虚」や「無」「網（web）」のことであると思われます。ものごとを「実」の物質だけでとらえるのではなく、すべてを融合して受け入れるという「無分別智」で世界全体を直観的にとらえることで真実がみえてくるのではないでしょうか。

《参考》
・鈴木大拙『日本的霊性』岩波書店、１９７２
・矢作直樹、中健次郎『人は死なない。では、どうする？』マキノ出版、２０１２、１４５頁
・矢作直樹『見守られて生きる』幻冬舎、２０１５、46頁、１４０頁

3　生命解放

Q：なぜ宗教が生まれたのでしょうか。
Q：はたして科学と宗教の融合は可能なのでしょうか。

⑴　生命の解放

一般に宗教と科学の知見を互いに尊重し、融合することの重要性が唱えられます。しかし、敬虔な宗教人にしてみれば教義は絶対性や優越性のある至高の価値的真理であり、越えてはならない一線があり、譲れないところもあるでしょう。

生命や宇宙の起源については、量子力学を中心にした科学主義と「神による創造説」や宇宙の創成には神の関与があったとする「インテリジェント・デザイン（ＩＤ）説」と

いった反科学的観点があります。反科学主義にとって、科学は人間が神に挑戦することに思え、科学と宗教の互いの融合に至るまでには価値観の衝突が繰り返されるでしょう。両者を一朝一夕に統合することはできません。これは知的理解と情操的理解、客観的理解と主観的理解の両者を折衷して中間を生きよというのではありません。両者を内包しながらも超越した心境になれないものでしょうか。

宇宙は生死の二分法のリズムを永遠に織り成しているようにみえますが、人間の精神は、死を内包して生き、生を内包して死ぬことができます。死は次の生のためにある。生まれるために死ぬ。死ぬために生まれる。生に固執することから離れることで生命を解放することができます。

人間の精神には宇宙大的視野を志向するものがある。宇宙的視座に立つことで生死を超えた何かを追求できるのではないでしょうか。人間の生命が尊いのは、その価値のために使える可能性をはらんでいるからです。

〝No Birth No Death（生も死もない）〟

「何も生み出されることも、無になることもない。すべては変容である」（アントワーヌ・ラヴォアジエ）

（2）空を生きる

死後の究極の安寧の居場所についてはキリスト教やユダヤ教では神による最後の審判で天国に行くことです。仏教では輪廻の業から脱して悟りを開き仏となることです。これは宗教の世界観ですが、科学的に生死を解釈すれば、宇宙の物質のエネルギーの一抹として生まれ、他のエネルギーを取り込みながら生きて、死して再びエネルギーに還ることです。死後の世界は宗教的観念の世界のように思えますが、むしろ物理的な世界です。

ビッグバン以来、私たちの生命はずっと旅を続けています。人間には生への欲求とともに死への衝動もありますが、それらは生命の源への「帰郷願望」なのかもしれません。死は終わりではなく、旅立ちです。しかし、私たちは孤独な旅人なのではありません。連綿と引き継がれた生命体として生きて再び還っていくのです。宇宙では「無」が常態であり、私たちは「今、ここ」での一瞬の刹那を人間としての「色」を為しているにすぎないのです。

万物が死を避けられないことは事実です。地球や太陽、銀河系にさえ寿命があるのです。宇宙自体が膨張と縮小といった生死を繰り返すことが考えられるほどですから、たとえ人類が火星に出て生き延びようとしても、何千年先か何億年先かの違いがあっても人類が絶滅することは推測できます。だからといって自分の生に対して全くの虚無感に駆られることはありません。この中でも永遠なるものにつながることができることがあります。

一つは、我執を捨て感謝と共に利他に生きることです。出世とか蓄財とかではなく、善・愛といった高次価値の下で生きることです。その生き方は「網（web）」の世界で他と永遠につながることになります。物質は消滅してもそれをもつかさどる「網（web）」は不滅であるからです。

もう一つは、自己という物質は宇宙の構成元素として永遠の循環にあることを得心することです。存在（色）が、死により無（空）になる。無を意識しながら生きることを「空を生きる」と言います。我執を離れ、宇宙を意識しながら今を生きる。これが不死の生き方です。

中川昌信氏は「死生観の変化」として次の段階を示しています。（マスロー心理学研究会第55回例会、2016年1月9日）

〈死生観の変化〉

①死にゆく運命を嫌悪し、拒否する

②長命願望をもつ
③子孫への生命継続を願う
④仕事、作品、名誉を残そうとする
⑤霊魂の永続性を確信しようとする
⑥死後は空無と悟る
⑦無心の境地に達し、「今、ここ」を最高に生きるしかないと悟る

ここには死を受け入れて生きる境地が示されており、生き方のモデルになります。私たちの生は地球上のいちばん初めの生命誕生から連なっており重厚です。今の生は過去や未来とつながる無数の生の存在様式の情報に支えられて生きているのです。遺体とは本来は「自分の身体は父母が遺してくれた身体」という意味であり、生きている自分の身体をいう。自分は過去と未来に連なって今を生きているのであり、平たく言えば、先祖や子孫の思いをつないで生きていることになるのです。もっと言えば、人間のみならず宇宙そのものの思いを背負っているのです。人間中心の考えでは、とかく「エゴ」（利己主義egoism）的になりがちです。しかし、自らを宇宙の一部として位置づけられたとき、人間のみを利するという発想から離れて宇宙的な生態の中で人間を位置づける「コスミック

エコイズム」（cosmic eco-ism）へ、つまり人間的「エゴ」から宇宙的「エコ」へといった発想へ転換できます。人間がどのような他とも内包する意識を育むことができれば、生命共同体として一体化した感覚が得られます。そこには生死などありません。

人間には理性、感性、霊性が備わっていると言われます。しかし、人間にとって理性、感性、霊性の働きの区分けは明確なものではなく、常に協働しているということが真実でしょう。科学による解明の日を待つまで人間の魂が救われないのであれば、永遠に救われることはないのかもしれません。科学・非科学を問わず、理性、感性、霊性といったあらゆる面から生や死の意味を観じることが重要なのではないでしょうか。

生死は生命の実相の違いとも言われます。生命自体が宇宙から生まれた一瞬の波の動きのようなものであり、大海に波が起こった状態が生であり、大海と一つになった状態が死だとされるのです。生死はいわば宇宙のリズム（根源的ゆらぎ）であり、このため自分の中にもこの宇宙のリズムを感じ、主体的能動的に受け入れ、リズムと一体となることで死苦を乗り越えていくことができるのです。

【死は怖くない⑥】

「人間は死んでも生き続ける」「死後も霊魂は不滅である」と考える人がいます。そう考える人の根底には「いつまでも今のままでいたい」という欲望が潜んでいないでしょうか。それは自分への執着であり、その執着は人生の迷いを益々深めていかないでしょうか。この解決には我執を離れることです。だからといって、「死後はすべて無に帰す」のであれば、あらゆる努力や人間的な営みは虚しく思え、「今さえよければいい」と刹那的になり、「どうなってもいい」と自暴自棄に堕しかねません。

では、どう考えればよいのでしょうか。永遠なるものとの内包です。永遠なるものとは宇宙です。自我は宇宙へ還元されると考えることです。エネルギーが物化したものが人体であり、エネルギーは自我という非物質の精神エネルギーも生み出しました。死後はこの根源のエネルギーに還るのです。人間の霊魂が不滅なのではなく、エネルギーの循環が永遠なのです。この世での寿命を終えれば、また宇宙へ還る。死とは宇宙への帰還です。元居た場所に還る。そう思えば死は怖くはありません。

おわりに

死ぬ瞬間には脳内にドーパミンやβエンドロフィン、セロトニンという脳内伝達物質が多量に出て痛みを軽減させてくれるとのことです。死に至るまでの意識がはっきりしているときは怖さがあるでしょうが、死そのものは怖いものではないのかもしれません。死への心細さ、苦しさ、不安などを乗り越えていけば結果として必ず恐怖からは救われるのです。

では、どのように逝けばよいのでしょうか。船は海水の上をすべるように進みますが、船が遠く見えなくなっても船が通った航跡、水脈《みお》が残ります。人も過ぎ去っても、故人の影を知り、恩を感じ、祀ることをします。だからこそ「あとざま」を綺麗に残しながら息を引き取りたいものです。

宗教改革者マルティン・ルターの言葉とされる名言に次があります。

Even if I knew that tomorrow the world would go to pieces, I would still plant my apple tree today.

（たとえ明日世界が滅亡しようとも、今日私はリンゴの木を植える。）

リンゴにせよ柿にせよ、熟すと落ちますが、落ちた実の中には成熟した種を持っています。落ちてもまだ先があります。種は再び大地に芽吹いて育ちます。育った木は幾多の実をつけていきます。芽吹かなくとも木を育てる土になれます。枯れて燃やされればその原子は大気中を漂い、またどこかの川に降り注ぎ、次の新しい生命の元となるかもしれません。いつか水にも風にも日光にもなるかもしれません。

毎日同じに見える川の流れも、決して同じ水は流れておらず、今の流れは過去の結実であり、未来の流れの蕾《つぼみ》なのです。柿も人も早かれ遅かれ必ず落ちるときがきます。それは悲しいことではありません。死は次の生のためにあり、生まれて、成長して、熟して落ちていく。それが自然なのです。だから、ただ柿は「柿をする」ことであり、人は「人間をする」ことです。死ねば後に何もなくなると思うと死が怖くなります。しかし、他のために尽くし、与えてきた人は、生きてきた証しを後世に伝えたという思いが持てます。

広大な宇宙の中では人間個人の存在は無に等しいものです。それでも無限の時間と空間の流れの中で「今、ここ」にあなたがいて、目の前には大切な人がいて、傍には猫がいて、庭には花が咲いています。この存在の組み合わせが偶然であるにせよ必然であるにせよ、同じ組み合わせは二度とありません。明日には明日の自分になっており、あなたにも少し変化があり、猫が傍にいるとは限りません。だからこそ、この巡り合いに感謝し、喜び、大切にしながら生きていたいものです。

はたして今が何度目の宇宙なのか分かりませんが、今の宇宙が生まれて１３８億年。まぎれもなく万物は皆、同じ宇宙年齢１３８億歳。共に在るのです。

本書は死を考えることで生が輝いていくという趣旨で書き始めたのですが、力不足であったことを認めざるを得ません。しかし、死生学は充実した人生を送るためには必要であり、これから発展していく学問です。誰もが死の恐怖を克服し、精神的に健やかな日々を過ごされることを願います。

命が短いとか長いとかにとらわれない人間になりましょう。ただ退屈しない人生を過ごすこと。一日一日が足し算。いつ死んでもよい生き方。いつまで生きてもよい毎日を過ごす。たくましく勇気を出して生きる。命がいちばん大切であると思っていた頃は生きているのが辛かった。命より大切なものがあると知ったとき、生きているのが嬉しかった。私は私でよかった。

（故・母シズ子の在りし日のメモ帳より抜粋）

〈主な参考文献〉

1 アルフォンス・デーケン『よく生き　よく笑い　よき死と出会う』新潮社、２００３
2 青木新門『納棺夫日記』桂書房、１９９３
3 池田晶子『死とは何か―さて死んだのは誰なのか』毎日新聞社、２００９
4 五木寛之『新老人の思想』幻冬舎新書、２０１３
5 上田正昭『死をみつめて生きる　日本人の自然観と死生観』角川選書、２０１２
6 遠藤周作『生き上手　死に上手』文春文庫、１９９４
7 大津秀一『死ぬときに後悔すること25』致知出版社、２００９
8 柏木哲夫『死を学ぶ―最期の日々を輝いて』有斐閣、１９９５
9 川崎信定訳『原典訳　チベット死者の書』筑摩書房、１９８９
10 香山リカ『しがみつかない死に方　孤独死時代を豊かに生きるヒント』角川書店、２０１０
11 岸根卓郎『宇宙の意思』東洋経済新報社、１９９３
12 岸根卓郎『見えない世界を超えて』サンマーク出版、１９９６
13 玄侑宗久『死んだらどうなるの？』ちくまプリマー新書、２００５
14 コンノケンイチ『死後の世界を突きとめた量子力学』徳間書店、１９９６
15 島田裕巳『葬式は、要らない』幻冬舎、２０１０
16 清水　博『生命を捉えなおす』中公新書、１９９０

17 スティーヴン・ウェッブ著、松浦俊輔訳『宇宙物理学者がどうしても解きたい12の謎』青土社、2013
18 関根清三編『死生観と生命倫理』東京大学出版会、1999
19 曽野綾子『人間の分際』幻冬舎新書、2015
20 中沢正夫『死の育て方』情報センター出版局、1991
21 中澤まゆみ『おひとりさまでも最期まで在宅』築地書館、2013
22 南雲吉則『50歳を超えても30代に見える生き方』講談社＋α新書、2011
23 日経サイエンス編集部『iPS細胞とは何か、何ができるのか』日経サイエンス社、2012
24 日本尊厳死協会監修『自分らしい終末「尊厳死」』法研、1998
25 早川一光『いきいき生きる―人間学のすすめ―』京都新聞社、1996
26 伴　義孝『「生きる力」の再発見』晃洋書房、1997
27 藤井正雄『現代人の死生観と葬儀』岩田書院、2010
28 古内耕太郎・坂口幸弘『グリーフケア』毎日新聞社、2011
29 矢作直樹『人は死なない』バジリコ、2011
30 矢作直樹『魂と肉体のゆくえ』きずな出版、2013
31 山口道宏編著『無縁介護　単身高齢社会の老い・孤立・貧困』現代書館、2012
32 山田真美『死との対話』スパイス、2004
33 ローレンス・クラウス著、青木薫訳『宇宙が始まる前には何があったのか？』文藝春秋、2013

いのちの言の葉

1

豚と私

中條邦子

私はあなたを食べる
そしてあなたが食べた
穀物を食べる
野山で生きたかった
夢を食べる
子を取り上げられた
悲しみを食べる
そして私は生きている
だから私は
私だけのものではない
あなたの命が私の中で生きている
だから私は命尽くして
生きなければならない

（産経新聞「朝の詩」平成23年11月22日）

2

犬とわたし

森口憲一

何億年の
進化の過程で
枝分かれして
君は犬になり
私は人になった
今、君と私が
公園のベンチで
一つのパンを
分け合っている
不思議だね
遠い兄弟さん

（産経新聞「朝の詩」平成26年４月28日）

3

無言の会話

塩谷亜喜雄

母が好きだった
花を見てると
傍にいつも母が
いるような気がする

大好きだった花を見に
わざわざ天空から
降りてくるのか

今日は石蕗《いわつぶき》

「きれいだね」
「うん」
無言の会話を交わす

（産経新聞「朝の詩」平成25年1月5日）

④

父ちゃん、こらえておくれ

仲　研

「父ちゃん、こらえておくれ」

あの時、どうして背中に手を伸ばしてやれなかったのやろか。

父ちゃんが初めて入院した時のこと。近くの銭湯へ付き添ったのに。背中を流す唯一の機会なのに、なぜか、それをしてやれなかった。周囲の目や気恥ずかしさがじゃましたのだろうか。

「どうしてや。なんでや」という気がずっと尾を引いている。

来世で出会ったら、まっ先にとんでいくよね。湯がいっぱいみなぎった大きな露天風呂へ。そこで、心ゆくまで背中を洗わせてよね。

父ちゃんのこの上ない笑顔がみたい。

もうすぐお盆。このハガキ墓前に供えます。


（財団法人兵庫県学校厚生会「第4回　親から子へ・子から親へのハガキ募集」入賞作品、２０１１年10月1日）（入選　一般の部　神戸市）

5

生きることは戦い

野上奈津

生きることは戦い。
進行の恐怖と戦うこと。
ゆっくりと、けれど
確実に動かなくなっていく身体、
私に「未来」はあるのだろうか。
生きることは受け入れること。
進行する病気と共に生きていくこと。
動かなくなる肉体を
「自分の身体」として
愛することができるのだろうか。
私に「希望」はあるのだろうか。
それでも、前を向いて歩いていく。
この身体と、私自身から、

目をそらさずに。

（希少難病患者　進行性筋ジストロフィー・特発性血小板減少性紫斑病〔com-pass 女性筋疾患患者の会〕共同代表、咲セリ『みんな生きるために生まれてくる』フォトバック文庫、２０１２、所収）

６

生命は

吉野　弘

生命は
自分自身で完結できないように
つくられているらしい
花も
めしべとおしべが揃っているだけでは
不充分で
虫や風が訪れて
めしべとおしべを仲立ちする
生命はすべて

そのなかに欠如を抱き
それを他者から満たしてもらうのだ
世界は多分
他者の総和
しかし
互いに
欠如を満たすなどとは
知りもせず
知らされもせず
ばらまかれている者同士
無関心でいられる間柄
ときに
うとましく思えることさえも許されている間柄
そのように
世界がゆるやかに構成されているのは　なぜ？

花が咲いている
すぐ近くまで
虻の姿をした他者が
光りをまとって飛んできている

私も　あるとき　誰かのための虻だったろう
あなたも　あるとき　私のための風だったかもしれない

（詩集『風が吹くと』サンリオ、１９７７）

7

命

宮越由貴奈（小学４年）

命はとても大切だ
人間が生きるための電池みたいだ
でも電池はいつかは切れる
命もいつかはなくなる
電池はすぐにとりかえられるけど

命はそう簡単にはとりかえられない
何年も何年も
月日がたってやっと
神様から与えられるものだ
命がない人間は生きられない
でも
「命なんかいらない。」
と言って
命をむだにする人もいる
まだたくさんの命がつかえるのに
そんな人を見ると悲しくなる
命は休むことなく働いているのに
だから　私は命が疲れたと言うまで
せいいっぱい生きよう

（すずらんの会編『電池が切れるまで―子ども病院からのメッセージ』角川書店、２００６）

8 命つなぎ生きた証しに　天国から愛を注いで

Aちゃんが体調を崩してからお父さんとお母さん辛くてね。毎日毎日神様にお願いしました。目に見える物全てに、お山に行ってお願いして、川が見えればお願いして、海に向かっても……いろいろ神社なんかも夜中に行ってお願いしました。最後には落ちている石ころさんたちにもお願いしたんだよ。でもね、どうしてもAちゃんとお父さんを入れ替えることができないんだって。

もう目を覚ますことはできないんだって。もう長くは一緒にいられないんだって。

お父さんとお母さんは辛くて辛くて、寂しくて寂しくて泣いてばかりいたけれど、そんな時に先生からの説明でAちゃんが今のお父さんやお母さんみたいに涙に暮れて生きる希望を失っている人の、臓器提供を受けなければ生きていけない人の希望になれることを知りました。どうだろう？　Aちゃんはどう思う？　いやかな？

お父さんやお母さんは悩んだ末、Aちゃんの臓器を困っている人に提供することを決めました。もしいやだったらゴメンね。

お父さんもお母さんも臓器を必要としている人がたくさんいて、その人を見守る人たちがどんなにか辛く苦しい思いをしているか知っています。もしその人たちにA

ちゃんが役に立てるなら、それは素晴らしいことだと思ったんだよ。

一人でも人の命を救う。心を救う。ってすごく難しいことでお父さんもできるかわからない。だけど、とても素晴らしく、尊いことなんだよ。

もしAちゃんが人を救うことができたり、その周りの皆さんの希望になれるとしたら、そんなにも素晴らしいことはないと思ったの。こんなにも誇らしいことはないと思ったの。Aちゃんが生きた証しじゃないかって思ったの。今のお父さん、お母さんみたいに苦しんでいる人が一人でも笑顔になってくれればどんなに素晴らしいだろうと思ったの。

そして、その笑顔はお父さんやお母さんの生きる勇気にもなるんだよ。

いつも周りのみんなを笑顔にしてくれたAちゃんだから、きっとまた世界の笑顔を増やしてくれるよね?

命はつなぐもの。お父さんとお母さんがAちゃんにつないだようにAちゃんも困っている人に命をつないでくれるかな?

願わくば、お父さんとお母さんがAちゃんにそうしたように、AちゃんもAちゃんがつないだその命にありったけの愛を天国から注いでくれるとうれしいな。

お父さんより

お母さんを
もう一度
抱きしめて
そして
笑顔を見せて

お母さんより

(「ドナー女児の両親が手紙(全文)」産経新聞、2016年2月26日夕刊)

9 巌頭之感

藤村 操

悠々たる哉天壌、遼々たる哉古今、五尺の小躯を以て此大をはからむとす。ホレーショの哲學竟に何等のオーソリチィーを價するものぞ。萬有の眞相は唯だ一言にして悉す、曰く、「不可解」。我この恨を懐いて煩悶、終に死を決するに至る。

既に巌頭に立つに及んで、胸中何等の
不安あるなし。始めて知る、大なる悲観は
大なる樂觀に一致するを。

（明治36年5月22日）

10 枯れたすすき

相田みつを

枯れたすすきが
まだ美しい
いのちいっぱい
一生けんめいに
生きてきた
からだ

◇著者紹介

河野 憲一（こうの　けんいち）
1954年、大分県生まれ
関西外国語大学大学院修了（文学修士）
兵庫教育大学大学院修了（教育学修士）
メンタルケア（内観）アドバイザー
マスロー心理学研究会員
現在　神戸医療福祉大学社会福祉学部教授
著書　『自己実現への英会話』朱鳥社、2002
『心をつなぐ英会話』朱鳥社、2004
『心で学ぶ人間福祉入門』朱鳥社、2007
『心の悲鳴に耳をすます』朱鳥社、2009
『心の居場所を探して』朱鳥社、2010
『吉四六さん笑話』（絵本）朱鳥社、2011
『心で学ぶ人権』朱鳥社、2014

死生観入門　死は怖くない ―死は宇宙への帰還―

2016年10月3日　第1刷発行

著　者　河野憲一
発行人　大杉　剛
発行所　株式会社 風詠社
〒553-0001　大阪市福島区海老江 5-2-7
ニュー野田阪神ビル4階
TEL 06（6136）8657　http://fueisha.com/
発売元　株式会社 星雲社
〒112-0005 東京都文京区水道 1-3-30
TEL 03（3868）3275
印刷・製本　シナノ印刷株式会社

ISBN978-4-434-22473-7 C0095

乱丁・落丁本は風詠社宛にお送りください。お取り替えいたします。